U0111743

大展好書　好書大展
品嘗好書　冠群可期

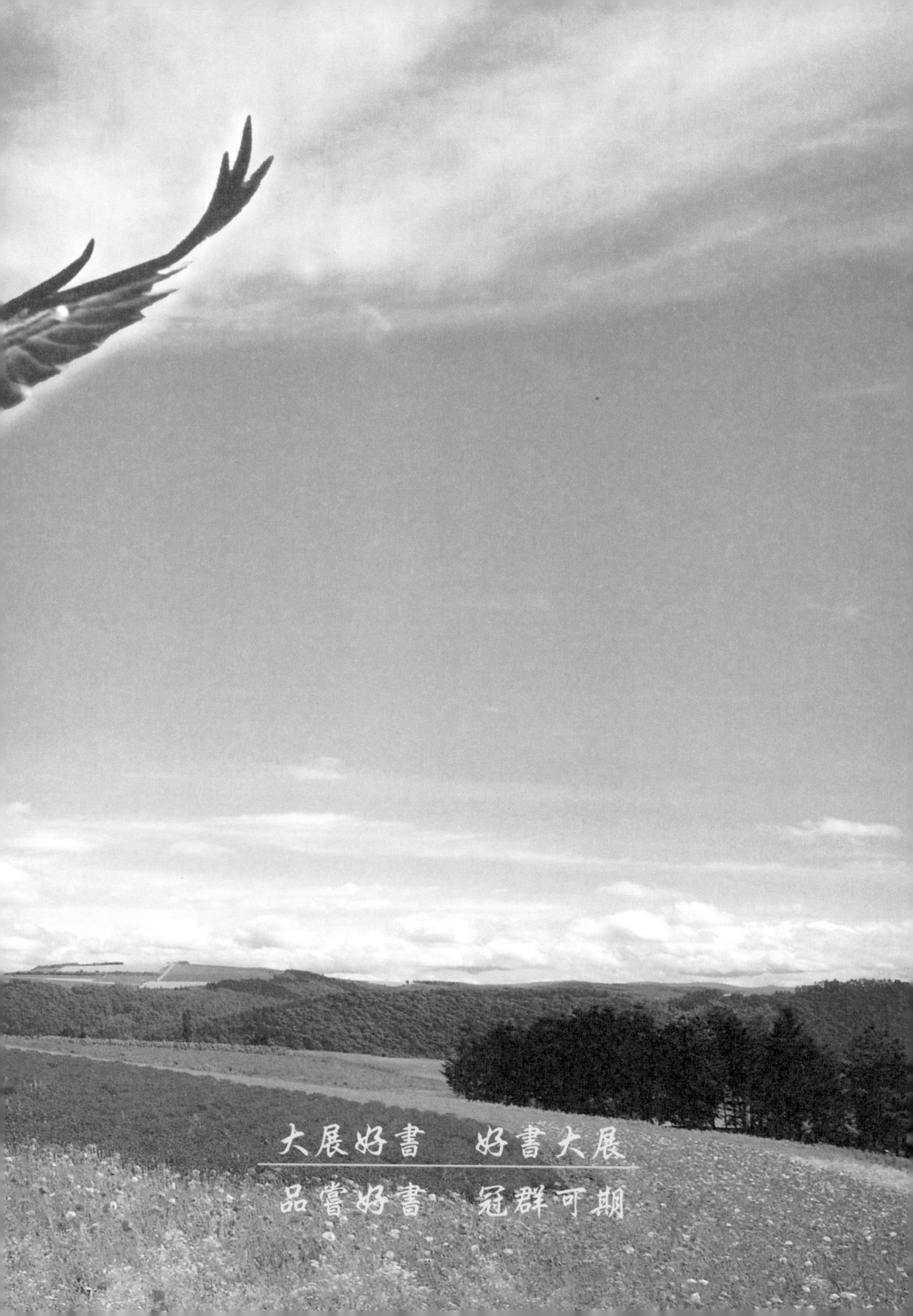
大展好書　好書大展
品嘗好書　冠群可期

迷蹤拳系列；7

迷蹤拳（七）

李玉川　劉俊琦　編著

大展出版社有限公司

作者簡介

　　李玉川，河北省滄州市青縣人，1951 年出生。既嗜拳術，又喜文墨。8 歲始從名師學練迷蹤拳，數十年練功不輟，系統、全面掌握迷蹤拳的理論和技術體系。他博學多求，勤練精研，先後學練了八極、八卦、意拳（大成拳）等拳術多種。同時，他重視對武術理論的研究，閱讀了大量武術史料和書刊，寫下了很多的讀書筆記，致力探求武術之真諦。1996 年 8 月，在青縣成立迷蹤拳協會時被推選爲協會主席。2001 年 9 月，在青縣迷蹤拳協會改建爲研究會時被推選爲會長。作者爲滄州市武協委員，中國迷蹤拳當代重要代表人物。

　　近幾年來傾心於對迷蹤拳的研究、整理和傳播，撰寫系列叢書，錄製「中華武術展現工程」系列光碟。在《精武》《武林》《中華武術》等刊物上發表作品多篇。爲培養武術人才建立了全國獨家迷蹤精武館，任館長、總教練。

作者簡介

　　劉俊琦，河北省滄州市青縣人。1956 年出生。自幼師從於迷蹤拳名師王朝選先生，擅長迷蹤拳、械及本門功法，兼練其他拳術多種。從事武術研究、教學訓練二十餘年。

　　作者現任東方武術館館長、總教練。其學生以優異成績考入滄州體校、河北體院、天津體院、北京體育大學等院校武術系，爲國家輸送和培養了一些人才。

前　言

　　在迷蹤拳豐富的器械內容中，單人習練雙器械套路比較多。這些套路多數比較古老，屬稀有器械，習練者較少，流傳不廣。

　　本書內容包括迷蹤拳雙刀、雙劍、雙槍、雙鐧、雙鞭、雙鍾、雙斧等七章。

　　爲了使這些古老稀有、特點突出、傳統優秀的寶貴遺產不致失傳，並得以繼承和發揚，我們將主要的套路整理成冊，獻給武術愛好者和我國的武術事業。不妥之處，請武林同道指正。

編著者

目 錄

第一章

迷蹤拳雙刀

迷蹤門雙刀共有六路：一路為閃勢；二路為四門；三路為六合；四路為閃電；五路為潑風；六路為天化。本趟刀為潑風雙刀。因此，刀出招凶狠老辣，快速無比，故名潑風。潑風雙刀的特點是：招大勢圓，複雜多變，靈活快速，舒展大方，勇猛剛暴，節奏分明。

主要技法有劈、砍、攔、斬、剁、撩、按、切、扎、點、削、掃、崩、截、雲、掛、剪、鉸、挎、錯，等等。

動作名稱

預備勢

第 一 段

1. 痴龍探路
2. 雙刀勢
3. 惡虎搶食
4. 雙龍攪海
5. 雲空旋風
6. 羅王闖刀
7. 力劈華山
8. 夜叉探路
9. 猛虎錯牙

第 二 段

10. 左右蝶花
11. 黃龍轉身
12. 雙龍戲水
13. 玉女拂塵
14. 金童劈柴
15. 取睛扎心
16. 刀斷巫山
17. 小傳斷玉
18. 倒插垂柳

第 三 段

19. 右撩刀
20. 左撩刀
21. 勒馬聽風
22. 白馬跳槽
23. 臥虎豎尾
24. 白刃穿心
25. 切胯撩陰
26. 雙馬繞城

第 四 段

27. 順水推舟
28. 蒼龍繞背(右)
29. 勒馬觀陣
30. 蒼龍繞背(左)
31. 雙蝶同飛
32. 白鶴斜飛
33. 彌爾聽經
34. 一刀遮天

第 五 段

35. 雙蝶繞身(左)
36. 雙蝶繞身(右)
37. 孔雀開屏
38. 巧摘人頭
39. 畫龍點睛
40. 削葉插根
41. 劈頭扎心

第 六 段

動作圖解

預備勢

　　兩腳併步站立，兩臂自然下垂。左手夾住雙刀柄，使雙刀合攏，刀背貼靠於上臂，刀刃朝前，刀尖向上，右手五指併攏，貼於右腿外側。目視前方。（圖1-1）

第　一　段

1.痴龍探路

　　（1）左腳向前上半步，腳尖著地，右腿微屈，成左虛步。同時，兩手由身體兩側提至胸前，右手虎口對刀柄，呈接刀勢。目視右手。（圖1-2）

圖1-1

圖1-2

圖 1-3

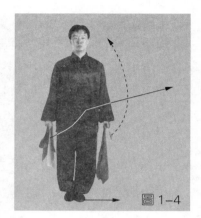

圖 1-4

（2）右手接握一刀柄，左手握正刀柄，兩手各握一刀擺於身體兩側，刀尖斜向上，兩手略低於肩，兩手距離與肩同寬。目視右前方。（圖 1-3）

（3）右腳向左腳併步。同時，兩手握刀，以腕為軸，使雙刀由前向下，分別經身體兩側向後、向上、向前輪劈一周後，下按於身體兩側，刀尖朝前。目視前方。（圖 1-4）

（4）身體左轉，左腳向前上一步，左腿屈膝，右腿伸直，成左弓步。同時，左手握刀，向左前平掃；右手握刀，隨體轉向前直臂平扎，刀刃朝下。目視右刀尖。（圖 1-5）

【用途及要點】左刀撥掃敵械，右刀扎敵中盤。轉體、上步、撥掃、扎刀要同時完成。

2.雙刀勢

（1）左腳稍後移，腳尖點地，右腿微屈。雙手握刀，使雙刀由前向右、向後繞至右肩後。目視右刀。（圖 1-

圖 1-5

圖 1-6

圖 1-7

6）

（2）重心下沉，成左虛步。兩手握刀，斜掃至體前，隨之屈腕上崩，使雙刀直立於體前，左刀在前，雙刀尖均向上，刀刃朝前。目視左刀尖。（圖1-7）

【用途及要點】雙刀同時斜掃前方之敵，刀尖挑敵身，刀背上崩敵械。崩刀時兩腕同時用力，虛步、崩刀要同時完成。

圖 1-8

圖 1-9

3.惡虎搶食

（1）右腿支撐，左腳離地後提。兩手握刀，由前向下，經身體右側向後畫弧。目視右刀。（圖1-8）

（2）左腳向前落地，左腿屈膝，右腿伸直，成左弓步。左手握刀，經上前劈；右刀繼續向後畫弧，刀尖朝後。目視左刀。（圖1-9）

（3）左手握刀，屈肘回收於左腰側，刀尖朝前；右手握刀，由後經上向前直臂劈刀。目視右刀。（圖1-10）

【用途及要點】
左刀劈前方之敵，敵
退，右刀追劈之。雙
刀依次劈落要快速有
力，力在刀刃。

4.雙龍攪海

（1）身體右轉
270°，左腳隨之向左
前圈步，兩腿稍屈。

圖1-10

兩手握刀，隨體轉向右經頭上方向左前雲刀。目視左刀。
（圖1-11）

（2）右腳經左腳後向左偷步，上體隨之右轉180°。
兩手握刀，由左向右經頭上方繼續向左前雲刀。目視左前
方。（圖1-12）

圖1-11

圖1-12

（3）右腿直立支撐，左腿屈膝提起，腳尖朝下，成右獨立步。與此同時，兩手握刀，使雙刀刃經體前向右平掃；右臂伸直，左臂屈肘於胸前。目視右刀。（圖1–13）

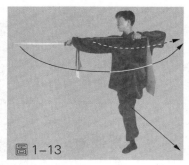

圖1–13

【用途及要點】雙刀同時掃擊左方、前方、右方之敵。轉體、上步、偷步、雲刀要協調；提膝、雙刀右掃要同時完成。

5.雲空旋風

（1）身體左轉，左腳向體前落地，左腿稍屈。兩手握刀，隨體轉掃至左前方。目視左刀。（圖1–14）

（2）右腳前擺，左腳蹬地跳起，懸空中身體左轉270°。雙手握刀，隨體轉舉至頭頂上方，雙刀尖均向後。目視左方。（圖1–15）

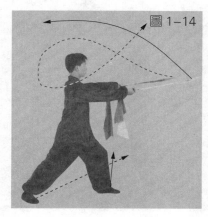

圖1–14

圖1–15

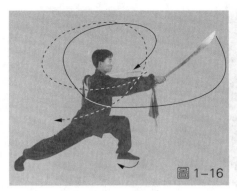

（3）右腳先落地，左腳經右腳內側向前落地，左腿屈膝，右腿伸直，成左弓步。左手握刀，由上斜向左前劈落，之後繼續向左下掃刀；右刀由上向左前直臂斜劈，上體隨之左轉。目視右刀。（圖1-16）

【用途及要點】左刀劈掃敵械，右刀斜劈敵身。身體跳起要高、要遠，落步要輕穩，雙刀劈掃要迅猛有力。

6.羅王闖刀

（1）身體右轉，兩腿屈膝。左手握刀，向右經頭上方朝左繞一平圓，刀刃朝前；右手握刀，向右經頭上繞至左肩上方，刀尖斜向左後下方。目視右刀。（圖1-17）

（2）身體繼續右轉，右腿屈膝半蹲，左腿伸直，成右弓步。同時，左手握刀，屈肘擺於右腋下，使左刀向前、向右、向後平掃；右手握刀，由左上斜向右前推掃，刀尖朝左。目視右刀。（圖1-18）

【用途及要點】左刀平掃敵中盤，右刀推掃敵上盤。轉體、雙刀推掃要同時完成。

圖1-18

7.力劈華山

（1）右腳向後退一步，屈膝半蹲，左腳稍後移，腳尖著地，成左虛步。同時，右手握刀，由前向上、向後直臂劈刀；左刀向下、向前上弧形撩刀。目視左刀。（圖1-19）

（2）左腳向後偷步，上體隨之左轉180°，成左弓步。左手握刀，隨體轉經上前劈；右手握刀，直臂擺於身後，刀尖向後。目視左刀。（圖1-20）

圖1-19

圖 1-20

圖 1-21

（3）右腳向左腳併步，兩腿屈膝下蹲。左手握刀，屈肘回收於左腰側，刀尖朝前；右刀由後經上向前直臂劈刀。目視右刀。（圖 1-21）

【用途及要點】敵於身後持械攻我，我速轉身用左刀外掛敵械，右刀劈敵上盤。轉體、上步、雙刀前劈要協調。

8.夜叉探路

右腿直立，左腿屈膝提起，腳尖朝下。同時，右手握刀，屈肘回收於腰側，刀尖朝前；左手握刀，向前平伸直

扎。目視左刀尖。（圖
1-22）

【用途及要點】右刀
外撥敵械，左手平扎敵
身。左扎刀要用力，力在
刀尖。提膝、抽刀、扎刀
要同時完成。

9.猛虎錯牙

左腳向前落
地，左腿屈膝成
左弓步。同時，
左手握刀，屈肘
回收於左腰側，
刀尖向前；右手
握刀，向前平直
扎出。目視右刀
尖。（圖1-23）

【用途及要點】左刀撥畫敵械，右刀扎敵胸、肋。落
步、抽刀、扎刀要同時完成。

第 二 段

10.左右蝶花

（1）兩腳碾地，使身體右轉 180°，右腿屈膝成右弓
步。右手握刀，經上向前下掛刀；左手握刀，隨體轉直臂

擺於身後，刀尖向後。目視右刀尖。（圖1-24）

（2）左腳離地，屈膝稍前提。同時，右刀由前向下經身體右側向後掛刀；左手握刀，由後向上、向前上掛，刀尖向前上。目視左刀尖。（圖1-25）

（3）左腳向體前落地，成左弓步。同時，左手握刀，由前向下經身體右側向後畫弧；右手握刀，由後向上、向前弧形下掛。目視右刀。（圖1-26）

（4）左腳離地，屈膝稍前提。右手握刀，由前向

圖1-24

圖1-25

圖1-26

下經身體左側向後、向上、向前掛刀；左手握刀，由右後向上、向前、向下經身體左側向後掛刀。目視左刀。（圖

1-27）

（5）右腳向前
落地，屈膝半蹲，左
腿伸直，成右弓步。
同時，右刀由前向下
經身體左側向後畫
弧，左刀由後向上、
向前劈刀。目視左刀
尖。（圖1-28）

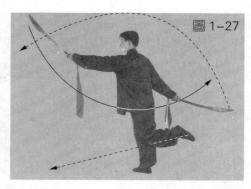

【用途及要點】
雙刀同時撥掛前後、
左右敵之來械。雙刀
立圓繞行時要貼近身
體，切勿使刀尖觸
地、刃背碰身。

11.黃龍轉身

（1）左腳前上
一步，屈膝成左弓
步。同時，左手握
刀，由前向下經身體
右側向後、向上、向
前畫弧；右手握刀，
由後向上、向前、向
下經身體右側向後弧
形掛刀。目視左刀。（圖1-29）

圖 1-30

（2）右腳向前上一步，屈膝半蹲，左腿伸直，成右弓步。同時，左刀由前向下經身體右側向後畫弧；右刀由後向上、向前直臂劈刀。目視右刀。（圖 1-30）

（3）身體左轉 180°，右腿直立，左腿屈膝提起，腳尖向下。同時，左手握刀，隨體轉掃至體前，屈肘回收於左腰側，刀尖向前；右手握刀，向左經頭上向右、向左前下方繞弧形斜掃，刀尖向右前下方。目視右刀。（圖 1-31）

【用途及要點】右刀挑架敵械，左刀掃敵中盤，敵退，右刀追掃敵下盤。轉體、提膝、雙掃刀要協調一致。

12.雙龍戲水

（1）左腳向體前落地，屈膝成左弓步。同時，右手握刀，屈肘回收至右腰側，刀尖朝前；左

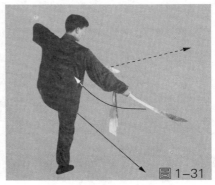

圖 1-31

刀向前下斜伸直扎。
目視左刀尖。（圖
1-32）

（2）左手握刀，
屈肘回收於左腰側，
刀尖朝前；右手握
刀，向前下直臂斜
扎。目視右刀尖。
（圖1-33）

圖1-32

【用途及要點】
雙刀快速斜扎敵下
盤。雙刀尖朝下扎要
快速有力，力在刀
尖。

圖1-33

13.玉女拂塵

身體右轉，右腿
直立，左腿屈膝提
起，腳尖向下，成右
獨立步。右手握刀，
隨體轉向右平掃；左
手握刀，向右、向上
屈肘橫架於頭上方，
刀尖向右。目視右
刀。（圖1-34）

圖1-34

【用途及要點】左刀上架敵械，右刀掃敵中盤。右腿支撐要穩固，上體保持直立。獨立步、掃刀、架刀要同時完成。

14.金童劈柴

右腳碾地，上體左轉，左腳向體前落地，屈膝成左弓步。同時，左手握刀，由上向前劈落後，屈肘回收至左腰側，刀尖朝前；右手握刀，隨體轉使右刀由右向上、向前直臂劈刀。目視右刀。（圖1-35）

【用途及要點】
左刀虛劈敵身，敵左右躲閃，右刀快速劈敵上盤。雙刀前劈要快速有力，力在刀刃。

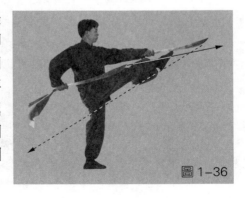

圖1-35

15.取睛扎心

（1）左腿直立支撐，右腿屈膝提起，快速向前彈踢，腳面繃平，力在腳尖。同時，左手握刀，向前平伸直扎；右手握刀，屈肘收於右腰側，刀尖朝前。目視左刀尖。（圖1-36）

圖1-36

圖 1-37

（2）右腳向體後落地伸直，左腿屈膝半蹲，成左弓步。同時，左手握刀，屈肘回收至左腰側，刀尖朝前；右手握刀，向前直臂扎出。目視右刀尖。（圖 1-37）

【用途及要點】左刀扎敵胸肋，腳踢敵襠、腹，敵閃再進，右刀扎敵身。扎刀、收刀與右腳彈踢同時進行，右腳後落與右扎刀、左收刀要協調一致。

16.刀斷巫山

上體右轉，左腳向右後插步，兩腿交叉屈膝下蹲，成歇步。右手握刀，隨體轉經前向右平掃；左手握刀，屈肘舉至頭左上方，使左刀向右、向上橫架於頭上方，雙刀尖均向右。目視右刀。（圖 1-38）

圖 1-38

圖 1-39

【用途及要點】左刀上架敵械，右刀掃敵中下盤。重心下移時兩腿要夾緊，右腳尖外展，左腳跟離地。

17.小傳斷玉

重心上提，身體左轉 270°，左腳向前上半步，左腿屈膝成左弓步。同時，兩手握刀，隨體轉使雙刀經上前劈。目視雙刀。（圖 1-39）

【用途及要點】敵持械劈我上盤，我用雙刀走敵裡圈，順敵械滑劈敵上盤。轉體、上步、雙刀前劈要同時完成。

18.倒插垂柳

（1）右腳向前上一步，腳尖內扣，上體隨之左轉，左腿屈膝成左弓步。同時，雙手握刀，隨體轉使雙刀向下經體前向左畫弧。目視左刀。（圖 1-40）

圖 1-40

（2）重心右移，右腿直立，左腿屈膝提起，腳尖朝下，成右獨立步。右手握刀，經上向右直臂劈刀；左手握刀，屈肘架於頭上方，刀尖向右，刀刃向上。目視右刀。（圖1-41）

圖1-41

【用途及要點】敵持械從右方攻我上盤，我用右刀順敵械滑劈敵身，敵抽式再進，我左刀向上挑架之。提膝、劈刀、架刀要協調。

第 三 段

19.右撩刀

（1）右腳碾地，上體左轉，左腳向體前落地，左腿微屈。左手握刀，向右下斜切刀；右刀稍向外擺，雙刀尖均向後下。目視右刀尖。（圖1-42）

圖1-42

（2）右腳向前上一步，屈膝半蹲，左腿伸直，成右弓步。同時，兩手握刀，使雙刀由右後向下經身體右側向前上撩刀。目視左刀。（圖1-43）

圖1-43

【用途及要點】左刀上撩敵械，右刀撩敵身。撩刀不宜太快，要鬆肩活肘，蘊藏內力，盡量放大幅度，力在刀刃。

20.左撩刀

（1）重心後移，左腿屈膝，右腳後移半步，腳尖著地，成右虛步。同時，兩手握刀，由前經上向左後畫弧，雙刀尖均向左後。目視左刀尖。（圖1-44）

圖1-44

（2）身體上起，右腳活步前移，左腳隨之前上一步，屈膝半蹲，右腿伸直，成左弓步。在左腳上步的同時，兩手握刀，使雙刀向下經身體左側向前上撩刀。目視左方。（圖1-45）

【用途及要點】右刀撩敵上盤，左刀撩敵中下盤。撩刀時要貼近身體，不可觸地、碰身。

圖 1-45

21.勒馬聽風

　　上體右轉，右腿直立，左腿屈膝提起，腳尖朝下。同時，右刀經上向右劈刀；左刀向右、向上架於頭上，刀尖向右。目視右刀。（圖1-46）

　　【用途及要點】左刀上架敵械，右刀劈敵身。右劈刀要用力，左架刀要蘊藏內力，身體立直，下肢穩固。

圖 1-46

之來械，右刀掃擊四方之敵。轉體要疾，雙刀掃擊要圓、要平、要快。

第 四 段

27.順水推舟

　　身體右後轉，兩腿自然成右弓步。同時，右手握刀，臂內旋，使右刀刃隨體轉向右推掃，刀刃向右，刀尖朝前；左手握刀，臂外旋，使左刀向右、向前平掃，刀刃朝右，刀尖向前。目視左刀。（圖1–57）

　　【用途及要點】右刀推掃前右方之敵，敵躲閃再進，左刀攔斬敵身。雙刀推掃不宜速度太快，但要蘊藏內力，力在刀刃。

圖1–57

28.蒼龍繞背（右）

　　（1）左腳前擺，右腳蹬地跳起，懸空中身體右轉270°。雙手握刀，使雙刀向右經頭上方平繞至左前，雙刀

圖 1–58

圖 1–59

尖均向左。目視左刀。（圖 1–58）

（2）左腳、右腳依次落地，成左弓步。同時，左手握刀，屈肘舉至頭左上方，使刀橫架於頭頂上方，刀尖向右；右刀繼續向右前平掃，上體隨之右轉。目視右刀。（圖 1–59）

【用途及要點】敵持械攻我上盤，我用左刀挑架敵械，右刀掃敵腰部。雲刀時要平、要圓、要快，雙腳落地、轉體、雙刀掃架要協調。

29.勒馬觀陣

（1）上體右轉 180°，左腿屈膝。同時，右手握刀，隨體轉掃至體右側，右臂外旋，屈肘舉至頭右上方，刀尖向後上；左手握刀，臂外旋，使左刀刃由上向左、向前弧形掃刀。目視左刀。（圖 1–60）

圖 1–60

圖 1-75

【用途及要點】敵持械掃我下盤，我跳起躲過。雙刀同時掃擊敵下盤。身體跳轉與雲刀同時進行，仆步與雙掃刀要協調一致。

34. 一刀遮天

重心上提，右腿直立，左腳蹬地屈膝提起，成右獨立步。右手握刀，屈肘右上舉，使右刀橫架於頭上方，刀尖向左；左手握刀，向左下斜掃至左膝外，刀尖向前下。目視左刀。（圖 1-76）

圖 1-76

【用途及要點】右刀上架敵械，左刀斜掃敵下盤。身體上起時，重心移至左腿，待右腿直立後，左腳再蹬地提起。

第 五 段

35.雙蝶繞身（左）

（1）左腳向左前落地，上體左轉，成左弓步。左手握刀，向前、向上、向左後畫弧；右手握刀，由上向右、向下經身體右側向前撩刀。目視右刀。（圖1-77）

（2）兩腳不動。左刀由左後向下經身體左側向前上挑刀；右刀由前向上、向左後畫弧，兩臂於胸前交叉。目視左刀。（圖1-78）

圖1-77

圖1-78

36.雙蝶繞身（右）

（1）兩腳不動。左刀由前向上、向右後畫弧；右刀由左後向下經身體左側向前挑刀。目視右刀。（圖1-79）

（2）右腳向前上一步，屈膝半蹲，左腿伸直，成右弓步。同時，左手握刀，由右後向下經身體右側向前撩刀；右刀由前經上向右後直臂劈刀。目視左刀。（圖1-80）

【用途及要點】雙刀同時劈前敵、撩後敵。雙刀劈撩時盡量放大幅度，雙臂用力要均勻。

圖1-79

圖1-80

37.孔雀開屏

（1）上體左轉，兩腿稍屈。左手握刀，隨體轉經上向左劈刀；右刀向下、向右撩至右前上方，刀尖向右上。目視右刀。（圖1-81）

（2）上體繼續左轉，左腿屈膝成左弓步。左刀向下經身體右側向後畫弧；右刀經上前劈，兩臂於胸前交叉。目視右刀。（圖1-82）

圖1-81

圖1-82

（3）左腳
向右後插步伸
直，腳跟離地，
右腿屈膝半蹲，
腳尖外展，成左
插步。左手握
刀，由右後向下
經身體右側向前
撩刀；右刀由前
向下經體側向後
反撩。目視右刀。（圖 1-83）

【用途及要點】敵持械於身後攻我，我速轉體，用左
刀撥掛敵械，右刀劈敵身。雙刀同時撩擊前後之敵。轉
體、劈刀、撩刀要同時進行，插步、雙刀前後撩擊要同時
完成。

38.巧摘人頭

（1）兩腳碾
地，使身體左轉
180°，成左弓步。
左手握刀，隨體轉
經上向前劈刀；右
手握刀，舉至頭右
上方，刀尖向左
後。目視左刀。
（圖 1-84）

圖1-85

（2）左手握刀，屈肘於左腰側，刀尖朝前；右手握刀，由上向右、向前弧形斜砍。目視右刀。（圖1-85）

【用途及要點】敵持械於身後攻我，我轉身，用左刀左掛敵械，右刀斜砍敵上盤。轉體要快，雙刀劈砍要快速有力。

39.畫龍點睛

上體右轉，右腿直立，左腿屈膝提起，腳尖向下。同時，右手握刀經上向右下劈點；左手握刀，向左上屈肘擺舉，使左刀向右、向上橫架於頭上方，刀尖向右。目視右刀。（圖1-86）

【用途及要點】左刀上架敵械，右刀劈點右方

圖1-86

圖 1-87

之敵。轉體、提膝、劈刀、架刀要同時完成。

40.削葉插根

（1）上體左轉，左腳向前落步，屈膝成左弓步。左手握刀，由上方降至身體右側；右刀稍向後伸，雙刀尖均向右後下方。目視右刀尖。（圖 1-87）

（2）右腳向前上一步，屈膝半蹲，左腿伸直，成右弓步。同時，兩手握刀，由右後向下經身體右側向前上撩刀。目視右刀。（圖 1-88）

（3）上體左轉，左腿屈膝。同時，兩手握刀，隨體轉使雙刀經上向左前畫弧。目視左刀。（圖 1-89）

圖 1-88

（4）左腳向後
插步伸直，右腿屈膝
半蹲。雙手握刀，使
雙刀刃由左前向下、
向右後反撩。目視右
刀。（圖1-90）

【用途及要點】
左刀前撩敵械，右刀
撩敵身。雙刀同時劈
前敵、撩後敵。前撩
刀時不宜太快，要蘊
藏內力，後撩刀時上
體稍右轉、左傾。

圖1-89

41.劈頭扎心

（1）身體左轉
270°，成左弓步。左
刀隨體轉經上前劈；
右手握刀，屈肘擺於
右腰側，刀尖朝前。
目視左刀。（圖1-
91）

圖1-90

圖1-91

圖1-92

（2）左手握刀，屈肘回收至左腰側，刀尖朝前；右手握刀，向前平伸直扎。目視右刀尖。（圖1-92）

【用途及要點】左刀蒙頭劈砍敵上盤，同時，右刀扎敵心窩。轉體要快，劈刀、扎刀要用力。

第六段

42.撥轉乾坤

（1）身體右轉180°，左腳前上一步，成左弓步。右手握刀，經上前劈；左刀隨體轉擺至身後，刀尖向後。目視右刀。（圖1-93）

（2）左腳離地，屈膝後上提。右手握刀，由前向下經身體右側向後畫弧；左刀由後向上、向前劈刀。目視左刀。（圖1-94）

（3）左腳向體前落地，屈膝成左弓步。左刀由前向下經身體右側向後畫弧；右刀由後向上、向前直臂劈刀，兩臂於胸前交叉。目視右刀。（圖1-95）

圖1-93

圖1-94

圖1-95

　　【用途及要點】敵持械攻我上盤，我左刀向右滾壓敵
械，右刀劈敵頭、肩。上步、劈刀、挎刀要同時完成。

43.鳳凰展翅

（1）右腳向前上步，腳尖內扣，上體隨之左轉 180°，左腿屈膝。右手握刀，隨體轉向前擺挑，刀尖朝前；左刀隨體轉於身後擺動。目視右刀。（圖 1–96）

（2）左腳向左後插步伸直，右腿屈膝半蹲。同時，右手握刀，由前經上向右後反劈；左刀向下、向前弧形撩刀。目視左刀。（圖 1–97）

圖 1–96

圖 1–97

【用途及要點】左刀撩前敵，右刀反劈後敵。雙刀前後撩劈要放大幅度。

44.旋馬劈頂

（1）上體左轉，右腿屈膝。左刀稍向右前伸；右手握刀，由後向下經身體右側向右前繞舉，刀尖向右前上方。目視右刀。（圖1-98）

圖1-98

（2）左腳於身後屈膝擺收，右腳蹬地跳起，懸空中身體左轉180°。雙手握刀，隨體轉舉至頭左上方。目視左刀。（圖1-99）

（3）左腳、右腳依次落地，成右仆步。雙手握刀，同時向右下劈落。目視右刀。（圖1-100）

圖1-99

圖1-100

圖1-101

【用途及要點】雙刀同時劈剁右方之敵。雙刀劈剁時要用力，上體稍右轉左傾。

45.磨式盤花（右）

（1）身體上起，右腿屈膝。雙手握刀，向右前伸舉。目視右刀。（圖1-101）

（2）左腳前擺，右腳蹬地跳起，懸空中身體右轉270°。同時，雙手握刀，隨體轉向右經頭上雲刀至左前上方。目視左刀。（圖1-102）

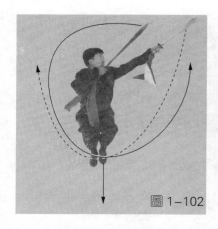

圖1-102

圖1-103

圖1-104

（3）左腳落地。左手握刀，擺於右腋前，使左刀向右斜掃；右手握刀，下降至左肩前，刀尖向左，兩臂於胸前交叉。目視右刀。（圖1-103）

（4）右腳向右落地，上體隨之右轉，成右弓步。右手握刀，向右劈掃至體前，刀尖向前；左刀隨體轉於身後擺動，刀尖向右後。目視右刀。（圖1-104）

【用途及要點】雙刀同時抹掃右前之敵，落步、轉體、雙刀抹掃要同時完成。

46.磨式盤花（左）

（1）身體左轉180°，左腿屈膝，同時，兩手握刀，隨體轉向下經身體右側向體前畫弧。目視左刀。（圖1-105）

（2）右腳前擺，左腳蹬地跳起，懸空中身體左轉270°。雙手握刀，隨體轉使雙刀向左經頭上繞至頭右上方，雙刀尖均向後。目視右上方。（圖1-106）

（3）右腳落地。右手握刀，繼續向右、向前、向左平掃刀，刀尖向左；左手握刀，下降至右肩前，刀尖向右，兩臂於胸前交叉。目視左刀。（圖1-107）

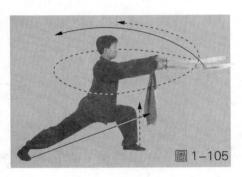

圖1-105

圖1-106

圖1-107

（4）左腳向左落，上體隨之左轉，左腿屈膝，右腿伸直，成左弓步。左手握刀，隨體轉向前直臂平推，刀刃朝前，刀尖向右；右刀隨體

圖1-108

轉於身後擺動，刀尖向後。目視左刀。（圖1-108）

【用途及要點】雙刀同時剪鉸前方之敵，推掃左方之敵。要連貫協調，一氣呵成。

47.抹袖藏刀

（1）身體右後轉，成右弓步。雙手握刀，隨體轉掃至體前。目視右刀。（圖1-109）

（2）左腳前擺，右腳蹬地跳起，懸空中身體右轉

圖1-109

圖 1-110　　　圖 1-111

270°。雙手握刀，隨體轉向右經頭上繞至左前方，雙刀尖向左上。目視左刀尖。（圖 1-110）

（3）左腳先落地。左手握刀，屈肘擺至右腋前，使左刀經前向右掃刀，刀尖向右後；右手握刀，下降至左肩前，刀尖向左後，兩臂於胸前交叉。目視右方的左刀。（圖 1-111）

（4）右腳向右落地，左腿隨即屈膝提起，腳尖向下。同時，左手握刀，向左抽帶，使左刀橫擺於體前，刀刃朝前，刀尖向右；右手握刀，經左臂上向右平掃刀，刀刃向後，刀尖向右。目視右刀。（圖 1-112）

圖 1-112

【用途及要點】雙刀同時剪鉸前方之敵。右刀明掃敵上盤，左刀暗削敵中盤。提膝、抽刀、掃刀要同時完成。

48.平川浴馬

（1）左腳向左落步，兩腿屈膝半蹲，成馬步。兩手握刀，同時向左掃刀，左臂伸直，右臂屈肘於胸前。目視左刀。（圖1-113）

（2）兩腳不動。兩手握刀，向右平掃，右臂伸直，左臂屈肘。目視右刀。（圖1-114）

圖1-113

圖1-114

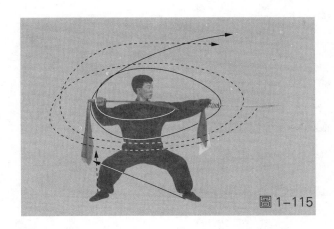

圖 1-115

（3）兩腳不動。雙刀向左平掃。目視左刀。（圖1-115）

【用途及要點】雙刀同時掃擊左方、前方、右方之敵。雙刀掃擊時要平、要快，雙臂用力要均勻。翻腕轉刀時雙腕要同時用力，擺好雙刀的距離。

49.鳳凰伏地

（1）左腳右擺，右腳蹬地跳起，懸空中身體右轉 360°。雙手握刀，隨體轉向右經頭上方向左前雲刀，雙刀尖均向左前上方。目視左刀。（圖1-116）

圖 1-116

圖1-117

（2）左腳、右腳依次落地，成右仆步。雙手握刀，向右斜掃。目視右刀。（圖1-117）

【用途及要點】敵持械攻我上盤，我用雙刀向上挑架敵械後快速掃擊敵下盤。身體跳轉與雲刀同時進行，雙腳落地與雙掃刀要協調一致。

50.雙刀合一

（1）身體上起稍左轉，左腳向前上步，腳尖著地，重心下沉成左虛步。同時，左手握刀，挺腕前擺；右手握刀，挺腕向體前伸舉，成雙刀式，雙刀刃均朝前，刀尖向上。目視左刀尖。（圖1-118）

（2）右腳向前上半步，右腿屈膝。右手握刀，向前平伸；左手及時夾住右刀左側的刀柄。目視左手。（圖1-119）

圖 1-118

圖 1-119

收　勢

左腳向右腳併步，兩臂自然下垂，兩手貼於兩大腿外側。雙刀背貼於左上臂，刀刃朝前，刀尖向上。目視前方。（圖 1-120）

圖 1-120

第二章

迷蹤拳雙劍

　　本套劍又名「達摩雙劍」，為迷蹤拳雙器械之一。講究陰陽奇正，五行變化；明趨八卦，暗合九宮；招勢較大，動作舒展；步穩身活，靈巧多變；剛柔相濟，快慢相間；吞吐沉浮，抑揚頓挫；瀟灑飄逸，協調圓活。

　　主要技法有劈、斬、撩、點、雲、穿、掛、抹、崩、截、鉸、剪、挑、按，等等。

動作名稱

預備勢

第一段

1. 一葦渡江
2. 白蛇出洞
3. 白虹貫日
4. 鳳凰落地
5. 蘇秦背劍
6. 雙龍藏首
7. 鷂子入林
8. 繞雲劈浪
9. 雲龍入海
10. 羅漢站堂

第二段

11. 行雲流水
12. 墨燕點水
13. 金剛撩眉(右)
14. 金剛撩眉(左)

15. 枯樹盤根
16. 探徑尋幽
17. 玉樹臨風

第三段

18. 天女散花(右)
19. 金針入地(右)
20. 白蛇吐信(右)
21. 玉貓洗臉
22. 古佛護航
23. 天女散花(左)
24. 金針入地(左)
25. 白蛇吐信(左)
26. 雙環套月
27. 金雞平抹

第四段

28. 蒙頭旋風
29. 紫燕穿雲

30. 蜻蜓點水
31. 玉童上香
32. 平抹三劍
33. 迎風擺柳
34. 天邊望月

第五段

35. 鴛鴦比翼
36. 正踢金冠
37. 玉兔換杵(右)
38. 玉兔換杵(左)
39. 鴻雁斜飛
40. 雷公劈塔(右)
41. 雷公劈塔(左)
42. 雙龍翹首
43. 金龍咬尾

第六段

44. 連珠合璧

動作圖解

預 備 勢

　　雙腳併步站立。左手反握雙劍柄，直臂下垂於左腿外，使雙劍貼於左臂，劍尖朝上；右臂自然下垂，右手五指併攏貼靠於右腿外側。目視正前方。（圖2-1）

第 一 段

1. 一葦渡江

　　（1）左手反握雙劍柄，直臂左前伸舉，上體隨之稍向右轉。目視前方。（圖2-2）

圖2-1　　　　　　　　圖2-2

圖2-3　　　　　　　　圖2-4

（2）右手變劍指，直臂右前平伸，手心向上；同時，左手屈肘回收於左胸側，手心向下，劍尖向後。目視右前方。（圖2-3）

【用途及要點】左手直臂左前伸舉時，上體稍右轉；右手直臂右前平伸時，上體稍左轉。左手、右手前伸時，要隨兩肩前後擺動而動。

2. 白蛇出洞

身體右轉，右腳向前上一步，右腿屈膝，左腿伸直。同時，右劍指由前向下、向後屈肘收至右腰側，手心向下；左手握劍柄，隨之向前平直伸出，手心向下，劍尖向後。目視前方。（圖2-4）

【用途及要點】右腕鈎畫敵進攻之手臂，劍柄戳擊敵身。轉體、上步、右腕鈎畫、劍柄前戳要協調一致。

3. 白虹貫日

左手握劍，臂外旋，屈肘舉至頭前上方，使雙劍經前

【用途及要點】左劍上架敵械，右劍力劈敵身。轉體要快，劈劍要借助轉身慣力，速快力猛，力達劍刃。左架劍時，左手屈肘用力向上撐舉，有力托千斤之意識。

9.雲龍入海

（1）左腳迅速前擺，右腳隨即蹬地跳起，身體騰空右轉270°。雙手持劍，隨體轉於頭上方雲劍一周半至身體左上方，雙劍尖斜向左前上方。目視右劍尖。（圖2-14）

（2）左腳和右腳依次落地，左腿屈膝全蹲，右腿伸直平鋪，成右仆步，上體稍右轉。同時，兩手握劍，向前、向下、向右弧形掃劍，右臂伸直，左臂屈肘於胸前。目視右劍尖。（圖2-15）

【用途及要點】敵持械攻我上盤，我用雙劍脊上架，使敵械反彈，我速俯身仆步，用雙劍掃敵下盤。身體跳轉與雲劍同時進行，仆步與下掃劍要協調一致。

圖2-14　　　　　　　　　　　圖2-15

圖 2-16

10. 羅漢站堂

（1）身體上起右轉，兩腿自然成右弓步。左手持劍，向前直臂平刺；右手握劍，屈肘回收於右腰側，劍尖朝前。目視左劍尖。（圖 2-16）

圖 2-17

（2）上體左轉，左腳向右腳併步。同時，左手握劍，屈肘舉至頭左上方，使左劍向左、向上橫架於頭上，劍尖向右；右手持劍，向右直臂平刺。目視右劍尖。（圖 2-17）

【用途及要點】敵持械攻我中、上盤，我左劍上架敵械，右劍平刺敵身。轉體、併步、上架劍、右刺劍要同時

完成。

第 二 段

11.行雲流水

（1）身體左轉，左腳前上一步，兩腿屈膝。同時，左手持劍，由前向下經左腿外側向後反撩；右手持劍，隨體轉使右劍經上向前、向下於身體左側畫一立圓，直立於體前，劍尖向上。目視右劍身。（圖2－18）

圖2－18

（2）右腳碾地，屈膝前擺落地，兩腿屈膝。同時，右手持劍，臂外旋，以腕為軸，使右劍向前、向下經身體右側向後弧形掛劍；左手持劍，由後向上、向前、向下於身體右側畫一立圓至體前崩劍，劍尖向上，肘微屈。目視左劍。（圖2-19）

圖2－19

圖 2-20

（3）左腳碾地前上一步，腳尖著地，右腿屈膝，成左虛步。同時，左手持劍，臂外旋，使左劍向前、向下經身體左側向後畫弧；右手持劍，由後經上向前屈腕點劍。目視右劍。（圖 2-20）

【用途及要點】敵持械攻我左前方，我用左劍向左撥掛敵械，右劍劈敵身。敵持械於右前方攻我中盤，我用右劍向右撥掛敵械，同時左劍劈敵上盤。走步時，兩腿屈膝，平穩重心向前邁步，步幅均勻，要腰如蛇行步似膠黏；雙劍的劈撥掛撩與行步配合應一致，要身靈步活，連貫協調。

12.墨燕點水

（1）身體右轉，右腿屈膝提起，腳面繃平。同時，右手持劍，屈肘上架於頭頂上方，劍尖向左；左手持劍，向左直臂平挑，劍尖向左，手心向前。目視左劍。（圖 2-21）

（2）身體繼續右轉，右腳向體前落步，右腿屈膝半蹲，左腿伸直，成右弓步。右手握劍，隨體轉向前、向下劈劍後，屈肘回收於右腰側，劍尖向前下；同時，左手持劍經上向前、向下劈劍。目視左劍。（圖2-22）

【用途及要點】敵持械攻我上盤，我用右劍上崩外纏敵械，同時左劍劈敵上盤。左獨立步與左挑劍、右架劍同時進行，雙劍前劈與右弓步要協調一致。

13.金剛撩眉（右）

（1）右腿挺膝站立，左腿屈膝上提，腳尖朝下。左手持劍，隨左腿上提屈肘回收於左腰側，劍尖斜向前；同時，右手持劍，向前直臂斜刺。目視右劍尖。（圖2-23）

（2）右腳碾地，上體左轉180°，左腳向體前落步，左腿屈膝。同時，雙手持劍，隨體轉左手和右手依次向下經身體右側向前、向上撩起，雙劍尖均向前上。目視左劍尖。（圖2-24）

圖2-23

圖2-24

（3）右腳向前上步，左腿稍屈。同時，雙手持劍，由前上向左、向後、向下畫弧，雙劍尖均向左後下方。目視左劍尖。（圖 2-25）

14.金剛撩眉（左）

（1）左腳向前上步，左腿屈膝。雙手持劍，右手和左手依次向下經身體左側向前、向上撩起，雙劍尖均向前上。目視右劍尖。（圖 2-26）

圖 2-25

圖 2-26

圖 2-27

（2）重心後移，右腿屈膝，左腳尖虛點地面。同時，雙手持劍，由前上向右、向後、向下畫弧，雙劍尖均向右後下方。（圖 2-27）

【用途及要點】敵持械於左前方攻我中盤，我用左劍脊向左後沾帶敵械，同時右劍撩敵襠腹部位。敵持械於右方攻我上盤，我用右劍脊向右下纏帶敵械，左劍撩挑敵胸部、喉部和面部。

左右撩劍要與左右上步緊密配合，上步要輕穩，撩劍時脊、刃要分明，幅度宜大，雙手距離要均勻。

15. 枯樹盤根

（1）左劍和右劍依次向下經身體右側向前、向上撩起，劍尖均向前上；同時，右腳向前上一步。目視

圖 2-28

心向外；左劍由前向下，經身體左側向後、向上、向右前
下方弧形繞環插劍，雙劍尖均向右前下方。同時，左腳向
前上一步，屈膝。目視右劍尖。（圖2-37）

19. 金針入地（右）

左腿屈膝全蹲，右腿伸直鋪平，成右仆步，上體隨之
右轉。同時，雙手持劍，使雙劍尖向下、向右穿刺，右臂
伸直，手心向上，左臂屈肘，手心向裡。目視右劍尖。

（圖2-38）

【用途及要點】敵持械攻我下盤，我用左劍外格敵
械，右劍用下勢穿刺敵下盤。仆步要快，雙劍隨體下俯快
速向右穿刺，右劍與右腿平行。

20.白蛇吐信（右）

身體上起稍右轉，右腿屈膝半蹲，左腿伸直，成右弓
步。右手持劍，使劍尖向左、向上崩起，肘微屈；同時，
左手持劍，直臂向前下刺出。目視左劍尖。（圖2-39）

圖2-38

圖2-39

【用途及要點】敵持械攻我右側，我身體上起右轉，用右劍向外崩格敵械，同時左劍刺敵襠、腹部。崩劍要蘊藏內力，用寸勁，左刺劍要快速有力，力達劍尖。

21.玉貓洗臉

（1）重心後移，左腿直立，右腳後退半步。同時，兩手持劍，屈肘後收，使雙劍斜交叉於體前，雙手心均向下。目視前下方。（圖2-40）

（2）右腿屈膝上提，腳面繃平。雙劍同時向前、向體側下方分別快速截劍。目視前下方。（圖2-41）

【用途及要點】用雙劍截擊前方及左右之來敵。弓步變獨立步要快，要穩健，雙截劍要快速有力，力達劍刃。

22.古佛護航

（1）左腳碾地，身體左轉180°，右腳向體前落步屈膝。左手持劍，隨體向前、向上、向左後畫弧；同時，右

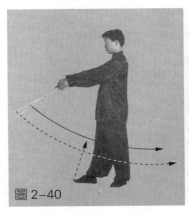

圖2-40

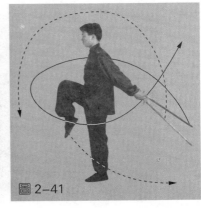

圖2-41

手持劍，經身體右側向前撩劍，手心向上。目視右劍。
（圖 2-42）

（2）身體繼續左轉 180°，左腳向後偷步。左手持
劍，隨體轉使劍尖向下經左腿外側向後反撩；同時，右手
持劍，經上向前直臂劈落。目視右劍。（圖 2-43）

（3）兩腳掌碾地，身體繼續左後轉，左腿屈膝。左手
持劍，使劍向上、向後畫弧；同時，右手持劍，使劍尖向
下經右腿外側向前撩擊。目視右劍。（圖 2-44）

圖 2-42

圖 2-43

（4）兩腕同時挺立，使雙劍快速向上崩截，在雙劍向上崩截的同時，左腿挺膝站立，右腿屈膝前提，成左獨立步。目視右前方。（圖2-45）

【用途及要點】右劍撩前方之敵，左劍劈後方之敵。右劍前劈前來之敵，左劍後撩後來之敵。

敵持械左右上掃，我用雙劍崩截。前後轉體要快，劍與前後劈撩要緊密配合，雙劍置於體側。立圓繞行時要貼近身體，切勿觸地碰身。

圖2-44

圖2-45

23.天女散花（左）

（1）右腳體前落步，右腿屈膝，左腿自然伸直，成右弓步。同時，左手持劍，屈肘提至右腋下，使左劍向前下、向右後弧形繞行抹劍；右劍由後經上向前直臂劈劍。目視右劍尖。（圖 2-46）

（2）左腳向前上步，左腿屈膝，右腿自然伸直，成左弓步。右手持劍，使劍尖由前向下經身體左側向後、向上、向前弧形繞環上掛，劍尖向前上；左手持劍，由右後向上、向前、向下經身體左側向後弧形下掛，劍尖向後下。目視右劍尖。（圖 2-47）

圖 2-46

（3）右腳向前上一步，屈膝半蹲，左腿伸直，成右弓步。左手持劍，使劍由後向上、向前、向左、向下反臂斜插；同時，右劍由前向下經身體右側向後、向上、向左前下方斜劈，手心向左後。目視左劍。

圖 2-47

（圖 2-48）

【用途及要點】
敵持械攻我右上方，
我用右劍外掛敵械，
左劍劈敵上盤，敵前
後攻我，我用右劍前
劈敵上盤，左劍後撩
敵下盤。左右掛、
刺、挑、抱劍要快速
連貫，隨雙腳上步而
左右劈、撩、掛、挑。

圖 2-48

24. 金針入地（左）

　右腿屈膝全
蹲，左腿伸直平
鋪，成左仆步，上
體隨之左轉。雙手
持劍，同時使雙劍
尖向下，隨左仆步
下勢向左穿刺；左
手直臂左伸，右臂
屈肘。目視左劍尖。（圖 2-49）

圖 2-49

【用途及要點】同動作 19。

25. 白蛇吐信（左）

　身體上起左轉，左腿屈膝半蹲，右腿伸直，成左弓

圖 2-50

步。左手持劍，以腕關節為軸，使劍尖向右、向上崩截，肘微屈；同時，右手持劍，向右前下方刺出。目視右劍尖。（圖 2-50）

【用途及要點】同動作 20。

26.雙環套月

（1）兩腳碾地，身體右轉 180°，右腿隨即屈膝，左腿伸直。同時，雙手持劍，隨體轉向上、向前劈劍。目視前方。（圖 2-51）

（2）左腳向前上一步，左腿屈膝，右腿自然伸直。同時，雙手持劍，使劍尖向下經身體右側向後、向上、向前劈劍。目視前方。（圖 2-52）

（3）身體右轉，右腿直立，左腿屈膝上提，成右獨立步。同時，右手持劍，經前向右平抹；左手持劍，屈肘左上舉，使左劍橫架於頭頂上方，雙劍尖均向右。目視右劍。（圖 2-53）

【用途及要點】雙劍外掛敵械，同時劈敵上盤。左劍

270°，兩腿屈膝。同時，雙手
持劍，屈肘上舉使雙劍於頭上
方按順時針平雲一周半至頭左
上方。目視左前上方。（圖
2-55）

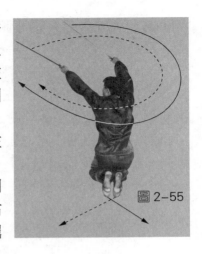

圖 2-55

（2）右腳經左腳後向左
後偷步，身體隨之右轉180°，
兩腿屈膝半蹲，成馬步。同
時，兩手持劍，向下經前向右
快速抹掃，右臂伸直，左臂屈
肘。目視右劍。（圖2-56）

【用途及要點】雙劍雲架上盤敵之來械，雲抹四方敵
之上盤。雲劍要平、要圓、要快，圈步轉體與偷步轉體落
腳要輕穩，保持重心。右平抹劍與馬步要同時完成。

29.紫燕穿雲

（1）身體右轉，右腿屈膝，左腿伸直。同時，右手持

圖 2-56

劍，使劍尖向下經右腿外側向後、向上、向右前立圓一圈，藏劍於右腿外側；左手持劍，向下經左腿外側向後、向上、向前劈劍，肘微屈。目視左劍。（圖2-57）

　　（2）右腿挺膝直立，左腿屈膝前上提，腳面繃平，腳尖向下，成右獨立步。同時，右手持劍，使劍尖向右前上方斜刺；左手持劍，向下經體左側向後反撩，左臂伸直，劍尖向左後下方。目視右前上方。（圖2-58）

　　【用途及要點】右劍穿挑前敵之喉面，左劍反撩後敵

圖2-57

圖2-58

之襠、腹，腳踢前敵之心窩。左腿前踢與前後撩劍要同時
進行，前後撩劍幅度宜大，左腿前踢時要挺膝、繃平腳
面，快速有力，力達腳尖。

37.玉兔換杵（右）

圖2-77

左腳體前落步，左腿
直立，右腿屈膝上提，腳
面繃平，腳尖朝下。右手
握劍，由前上向下經右腿
外側向後劈抹，劍尖向右
後下方；同時，左手持
劍，由後經左腿外側向
前、向上提撩。目視右後
下方。（圖2-77）

38.玉兔換杵（左）

圖2-78

右腳體前落步，右腿直
立，左腿屈膝提起，腳面繃
平。右手屈肘前上舉至右額
前，使右劍由後向前、向上挑
架，劍尖斜向後上；同時，左
手持劍，向下經左腿外側向後
反撩。目視左劍。（圖2-78）

　　【用途及要點】敵持械攻我中、下盤，我用右劍向右後
撥掛敵械，左劍撩前敵之腹、胸、面部；敵前後夾攻我，
我右劍劈前敵，左劍撩後敵。右劈抹劍時，上體稍右轉，

左劈撩劍時，上體稍左轉，提踏步與雙劍劈撩要協調。

39.鴻雁斜飛

（1）左腳體前落地，右腳前上一步，腳尖左扣，身體隨之左轉。右手持劍，使劍由上向前、向左、向下掛劍；同時，左劍向左畫抹。目視右劍。（圖2-79）

（2）左腿屈膝右擺，左腳面貼扣於右膝後側，右腿隨即屈膝。與此同時，右手持劍，由左經上向右劈劍，手心向前；左劍隨之向上、向右橫架於頭頂上方，劍尖向右。目視右劍尖。（圖2-80）

【用途及要點】左劍上架敵械，右劍反劈敵身。轉體要快，劈、架劍與扣步平衡要同時完成。

40.雷公劈塔（右）

身體左轉，左腳體前落步，左腿屈膝，右腿自然伸

圖2-79

圖2-80

直，成左弓步。同時，左手直臂向前、向下屈肘繞至右腋
後外，使左劍由上向前下劈落後，經體右側向後撩劍；右
手持劍，隨之向上、向前劈劍，手心向左。目視右劍。
（圖 2-81）

41.雷公劈塔（左）

（1）右腳向前上步，右腿屈膝半蹲，左腿伸直。右手
持劍，隨右腳上步由前向下、向左後掛劍；同時，左手持
劍，使劍由右後向上、向前畫弧，兩臂於胸前交叉。目視
左劍。（圖 2-82）

圖 2-81

圖 2-82

（2）右手持劍，由後向上、向前直臂畫弧。同時，左劍由前向下經左腿外側向後反撩。目視右劍。（圖2-83）

（3）右臂內旋，屈肘繞至左腋下，使右劍由前向下經左腿外側向後畫弧；左手持劍，由後向上、向前直臂劈劍。目視左劍。（圖2-84）

【用途及要點】敵持械攻我下盤，我用左（右）劍外掛敵械，右（左）劍劈敵上盤。劈撩掛劍要貼近身體，幅度盡量放大，要快、要圓，隨兩臂前後擺動而快速繞轉。

圖2-83

圖2-84

42.雙龍翹首

　　上體左轉，右腿直立，左腿屈膝上提，腳面繃平，成右獨立步。左臂外旋，屈肘於胸前，使左劍經前向左上平抹，劍尖向左；同時，右臂內旋，屈肘舉至頭右上方，使右劍向下、向右、向上繞弧形橫架於頭頂上方。目視左劍尖。（圖2-85）

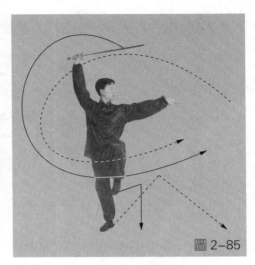

圖2-85

　　【用途及要點】伺機待敵。托架敵械上盤劈打。左托劍、右架劍與右獨立步要協調一致。

43.金龍咬尾

　　（1）左腳左擺，右腳蹬地跳起，左右腳依次落地，身體左轉。同時，雙手持劍，向右、向下經前向左畫弧。目視左劍尖。（圖2-86）

　　（2）身體繼續左轉，左腳向身後插步挺膝，右腿屈膝半蹲。雙劍

圖2-86

圖2-87

同時向前、向上、向後、向下弧形劈劍，左肘平屈，手心
向內，右臂伸直，手心向外。目視右劍。（2-87）

【用途及要點】敵持械掃擊我下盤，我跳起躲過，同
時雙劍撩前敵。敵持械攻我下盤，我用劍脊向左後黏帶敵
械，並切步貼近敵身，快速反劈敵身。左腳前縱與右腳蹬
地跳起要同時進行，雙腳先落地、後轉體，插步宜大，反
劈劍要快速有力，反劈劍時上體稍右轉左傾，左插步與雙
劍反劈同時完成。

第 六 段

44.連珠合璧

以右腳跟、左腳掌為軸碾地，使身體左後翻轉270°，
左腿屈膝半蹲，右腿伸直，成左弓步。同時，雙手握劍，
左手和右手由右後依次向左、向上、向前弧形繞環劈劍，
當右劍劈至頭前上方時，左劍屈肘回收於左腰側，劍尖朝

前。目視右劍。（圖 2-88）

【用途及要點】敵分前後攻我，我用雙劍先撩擊前方之敵，並順勢劈砍身後之敵。上體翻轉要快，雙劍隨體轉而依次前劈。

45. 猛虎立崖

（1）重心後移，左腳後退一步，右腿屈膝半蹲，成右弓步。左手持劍，直臂向前平刺；在左劍前刺的同時，右手持劍屈肘後收，劍尖朝前。目視左劍尖。（圖 2-89）

（2）身體左轉，兩腿屈膝半蹲，成馬步。左手持劍，隨體轉橫架於頭頂上方；同時，右手持劍，向右平直刺

圖 2-88

圖 2-89

出，手心向上。目視
右劍尖。（圖 2-
90）

【用途及要點】
兩劍連環刺擊前方之
敵。敵持械攻我上
盤，我用左劍上架敵
械，右劍平刺敵身。
左腳退步，左劍前刺
要同時進行。左架

圖 2-90

劍、右刺劍與馬步要同時完成。

46.菩薩觀景

（1）身體左轉，左腿屈膝，右腿伸直。左手持劍，使
劍尖由上向前、向下經右腿外側向後立圓繞行，左臂屈
肘，左腕繞至右腋下；右手持劍，經上向前劈劍。目視右
劍。（圖 2-91）

（2）右腳前上一步，右腿屈膝，左腿自然伸直。右手
持劍，使劍尖由前向下、向左經左腿外側向後、向上、向
前掛劈劍；同時，左手持劍，使劍尖由後向上、向前、向
下經左腿外側向後掛劍。目視右劍。（圖 2-92）

（3）左腳向前上一步，左腿屈膝，右腿伸直。左手持
劍，隨左腳上步，使劍尖由後向上、向前、向下經右腿外
側向後掛劍，左臂屈肘；同時，右手持劍，臂外旋，使劍
尖向下經右腿外側向後、向上、向左、向前劈劍，兩臂於
體右側交叉。目視右劍。（圖 2-93）

圖 2-91

圖 2-92

圖 2-93

（4）雙臂於
體右側同時前後甩
開，左劍由右後經
右腿外側向前、向
上撩起；右劍由前
向下經右腿外側向
後反撩。同時，左
腿直立，右腿向左
前上方撩踢。目視
左劍。（圖2-94）

圖2-94

【用途及要點】

劈前敵、撩後敵。敵近身前後攻我，我用雙劍同出，
撩擊前後之敵，同時，右腿撩踢敵身。左右撩劈掛劍要貼
近身體立圓繞行，兩臂放鬆，使雙劍隨雙肩前後擺動而自
然、勻活、快速繞轉。前後撩劍與前踢腿要同時完成。

47.風吹荷葉（右）

（1）右腳體前落步，身體左轉180°，左腿屈膝，右
腿伸直。同時，
雙手持劍，隨體
轉使雙劍經上向
前畫弧，雙劍尖
朝前。目視右
劍。（圖2-95）
（2）左腳
向後插步，左腿

圖2-95

伸直，右腿屈膝半蹲，腳尖外展。同時，雙手持劍，使雙劍尖向下經身體右側向後反撩，右臂伸直，左臂屈肘。目視右劍尖。（圖 2-96）

圖 2-96

【用途及要點】雙劍同劈前方之敵，撥撩身後之敵。轉體成左弓步與前劈劍同時進行，左插步與雙劍反撩要協調一致。

48.風吹荷葉（左）

（1）兩腳碾地，使身體左轉 180°，左腿屈膝，右腿伸直。同時，雙手持劍，隨體轉向左平掃至體前，雙肘微屈。目視左劍。（圖 2-97）

圖 2-97

（2）右腳迅速前
擺，左腳隨即蹬地跳起，
身體騰空左轉 180°，右
腳先落地，左腳於身後落
步。同時，雙手持劍，隨
體轉使雙劍於頭頂上方按
逆時針雲繞約一周半至右
前上方，右臂伸直。目視
右劍。（圖 2-98）

圖 2-98

（3）右腳向後插
步，右腿伸直，前腳掌著
地，左腿屈膝半蹲，腳尖外展。同時，雙手持劍，使雙劍
由右前上方向下經身體左側向後下斜掃，左臂伸直，右臂
屈肘於胸前。目視左劍。（圖 2-99）

【用途及要點】敵持械掃我下盤我跳起躲過。敵攻我
上盤，我用雙劍雲盤上架後，隨即轉體切步貼近敵身，使
雙劍反掃敵下盤。空中轉體與頭上雲劍要緊密配合，右插
步與雙劍反掃要同時完成。

49. 雲裡藏身

（1）身體右轉
180°，右腿屈膝，左
腿自然伸直。同時，
雙手持劍，隨體轉使
雙劍由左後下方向
前、向右前上方抹

圖 2-99

掃，右手直臂斜上舉，左臂屈肘，兩手心均向下。目視右劍。（圖2–100）

（2）左腳經右腳前向右圈步，兩腳碾地使身體右轉270°。雙手持劍，使雙劍於頭頂上方隨體轉，繼續雲劍約一周半，兩劍交叉後下降至身體兩側，兩臂於胸前交叉，雙劍尖向外。目視右劍。（圖2–101）

（3）右腳尖外展，兩腿交叉屈膝下蹲，成歇步。同

圖2–100

圖2–101

圖 2-102

時，雙臂於胸前甩開側舉，使雙劍經前掃至體側，雙劍尖
與雙肩成一直線。目視左劍。（圖 2-102）

【用途及要點】左劍平掃右方之敵，同時右劍立劈左
方之敵。兩臂交叉伏劍，使敵進入我伏圈後，快速左右揮
劍，剪掃左、右、前入伏之敵。左腳向右圈步時，兩腿成
前後交叉。雙劍左右剪掃與歇步同時完成。

50.雙劍合璧

（1）身體上起，兩腳碾地左轉 180°，右腳向前上
步，右腿屈膝。雙手隨體轉於胸前合攏，右手及時接握左
劍柄。目視雙手。（圖 2-103）

（2）身體繼續左轉 180°，左腿屈膝，右腿自然伸
直。同時，左手成劍指，擺向左前上方橫腕亮指，手心斜
向上；右手持劍，直臂向右前刺出，手心向上。目視雙劍
尖。（圖 2-104）

【用途及要點】雙劍剪鉸體左側之敵。轉體上步與左
手亮指、右劍前刺同時完成。

圖 2-103

圖 2-104

51. 空心向月

（1）右手握劍，屈肘左前上舉，左手變掌，向下及時握雙劍柄後，向下經體左側反臂後舉，雙劍貼臂，雙劍尖斜向上。同時，左腿直立，右腳向前上快速彈踢，右掌於前上方及時向下拍擊右腳面。目視右腳。（圖 2-105）

（2）右腳向身後落步。同時，右掌指斜向右下反撣右胯後繼續後擺，左手反握劍柄，直臂左前平伸，手心向下。目視左手。（圖 2-106）

圖 2-105

圖 2-106

圖 2-107

圖 2-108

（3）兩腿屈膝，左腳尖虛點地面。同時，右掌變劍指，由後向右、向上、向左於頭前上方抖腕亮指；左手握劍柄，向下經身體左側向後直臂反舉，頭向左擺。目平視左方。（圖 2-107）

【用途及要點】腳踢敵胸窩與下頜，掌拍敵面及天靈蓋。左手接劍要快、雙手擺動交劍於無形間。右腳向前彈踢要快速有力，右手插擊腳面要準確、及時、清脆有聲。

收　勢

右腳向左腳靠攏併步。左手反握劍柄，直臂下垂於身體左側，劍身貼臂，劍尖向上；右手成掌，經體前直臂下垂於右腿外側。目視正前方。（圖 2-108）

第三章

迷蹤拳雙槍

迷蹤拳雙槍是迷蹤拳中單人習練雙器械之一。因雙槍習練和使用難度較大，故練習者較少，屬稀有器械。雙槍的特點是兩手握槍，前後呼應，左右相隨，上下相連，防攻並舉，攻守合一。主要技法有扎、攔、撩、掃、挑、崩、劈，等等。習練時，要求左右協調，前後配合，步活身靈，身槍一體。

動作名稱

動作圖解

預備勢

雙腳併步，雙膝微屈，身體直立。左手握兩槍身下端，虎口朝前，使槍直立於臂前，槍尖均朝上；右手成掌，自然下貼放至右大腿外側。兩眼平視前方。（圖 3-1）

【用途及要點】預備勢也叫待發勢，為下一個動作做準備。要神氣斂收，鬆靜站立。

圖 3-1

第 一 段

1. 併步推掌

（1）左腳向前邁一步，上身微右轉。左手抱槍，向前、向右擺至身前；右掌向前、向右擺至身體右前方，掌心朝下。目視右掌。（圖 3-2）

（2）上動不停。右腳向前上步與左腳相併，雙腿微屈膝。同時，右掌向後、向左、向前、向右畫圓直臂推掌，掌心朝右，掌指朝

圖 3-2

上；左手握槍，仍擺回身體左側。目隨右掌。（圖3-3）

【用途及要點】對手持械從前方攻我中盤時，我上步閃身，同時左手握槍用槍身向右磕掛其械。上步、推掌要同時。

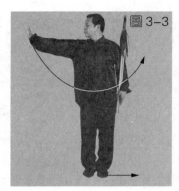

2.仙人指路

身體左轉，左腳向前邁一步落地，雙腿屈膝，左腳腳尖著地成左虛步。隨轉身，右掌直臂向下，從身體右側向前、向上繞行至身前，肘微屈，屈腕挑指，掌指朝上，掌心朝左。目視右掌。（圖3-4）

【用途及要點】定勢待發。要前虛後實，以利變化。

3.仆步接槍

身體右轉，右腿屈膝半蹲，左腿伸直，雙腿成左高仆步。在轉身變步的同時，左手握槍，擺至右前方；右手於右前方接握槍。頭向左轉。目視左方。（圖3-5）

【用途及要點】定勢接槍，

上、向前、向下劈落，槍尖朝前下放；右手握槍，收至右腰前側，槍身平直朝前。目視左槍尖。（圖3-14）

【用途及要點】對手持械從身後擊我中盤時，我右轉身，用右手槍磕掛其械，用左手槍劈打其頭部。轉身要疾，劈槍要迅猛有力。

10. 靈蛇吐信（右）

左手握槍，做攔槍動作後收至左腰前側；右手握槍，用力向前中平扎槍。目視右槍尖。（圖3-15）

【用途及要點】左手槍攔掛對方攻來之械，右手槍向前扎其胸部。攔槍、扎槍兩個動作要同時進行。

圖3-14

圖3-15

圖 3-16

11.靈蛇吐信（左）

右手握槍，做攔槍動作後收至右腰前側，槍身平直朝前；左手握槍，向前中平扎槍。同時，右腳向前邁一步，腿即屈膝，左腿伸直。目視左槍尖。（圖 3-16）

【用途及要點】用右手槍攔掛對手攻來之械，左手槍扎其身，對手如後退，我上步進身用槍刺其胸部。攔槍、上步、扎槍要緊緊相連，不可分離。

12.磕掛劈槍

左腳向前邁一步落地，左腿屈膝，右腿伸直。伴隨左腳上步，雙手握槍，同時向下磕掛後，繼續從身體兩側向後、向上、向前、向下畫圓繞行至身前，槍尖均朝前下方。目視右槍尖。（圖 3-17）

【用途及要點】對方持單械或雙械攻我下盤時，我用槍向下磕掛後順勢向前、向下劈砸其頭部。槍磕掛繞行下劈與左腳上步要連貫一體，並且速度要快、用力要足。

圖 3–17

圖 3–18

13.霸王崩槍

兩手握槍，一起向前上方崩槍，槍尖均朝前上方。右腳同時前滑半步，雙腿微屈膝。目視右槍尖。（圖 3–18）

【用途及要點】對手持械從前方攻我中、上盤時，我用槍向上崩其械。崩槍要用爆發力。

14. 二龍搶珠

上動不停。左手握槍，向前、向上扎槍，槍尖朝前上方；右手握槍，向前中平扎槍。同時，右腳向前邁一步，右腿屈膝，左腿伸直。目視右槍尖。（圖 3-19）

圖 3-19

【用途及要點】可與上勢連用，雙槍崩對手攻來之械後，左手槍向前刺其頭部，右手槍向前扎其胸部。上步要快，扎槍要有力。

15. 扎前刺後

（1）身體左轉，雙腿微屈膝。隨轉身，兩手握槍，收至胸前，槍身均直平朝右方。目視左方。（圖 3-20）

圖 3-20

圖3-21

（2）上動不停。身體繼續左轉，左腿屈膝，右腿伸直。同時，左手握槍，向前中平扎槍，右手握槍，向後平直扎槍。目視左槍尖。（圖3-21）

【用途及要點】先發制人，突然用槍分別扎前後欲攻我之對手。轉身要疾，前後扎槍均要力猛、勁足。

第 三 段

16.左舞花槍

（1）右手握槍，從身後向上、向前、向下繞行身前。右腳同時向前邁一步落地，雙腿微屈膝。目視右槍尖。（圖3-22）

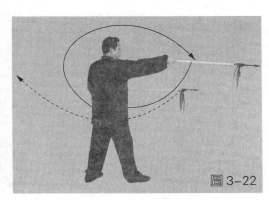

圖3-22

（2）上動不停。右手握槍，繼續向下從身體左側向後、向上、向前、向下舞花繞行一周仍至身前；左手握槍，從身體左側向下、向後、

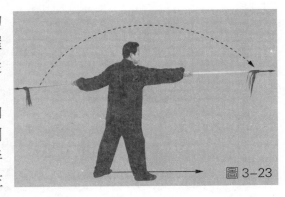

圖3-23

向上繞行至身後。隨右手槍舞花，上身先向左擰轉，後向右擰轉。目隨右槍尖。（圖3-23）

【用途及要點】對手從左前方持械攻我中盤時，我用右手槍向下磕掛後即反手劈打其頭部。槍舞花繞行要走立圓，上身隨槍擰轉要柔和，整個動作要渾然一體。

17.右舞花槍

（1）左手握槍，從身後向上、向前、向下繞行至身前。左腳同時向前邁一步，雙腿微屈膝。目視左槍尖。（圖3-24）

（2）上動不停。左手握槍，繼續向下從身體右側向後、

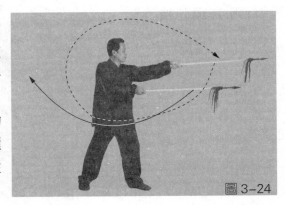

圖3-24

圖 3-25

向上、向前、向下舞花繞行一周仍至身前；右手握槍，從身體右側向下、向後、向上繞行至身後。隨左手槍舞花，上身先向右擰轉，後向左擰轉。目隨左槍尖。（圖 3-25）

【用途及要點】對手從右前方持械攻我中盤時，我用左手槍向下磕掛後反手劈打其頭部。槍舞花要走立圓，上身隨槍轉動要柔和輕靈、整個動作要連貫一體。

18.左舞花槍

（1）右手握槍，從身後向上、向前、向下繞行身前。右腳同時向前邁一步落地，雙腿微屈膝。目視右槍尖。（圖 3-26）

圖 3-26

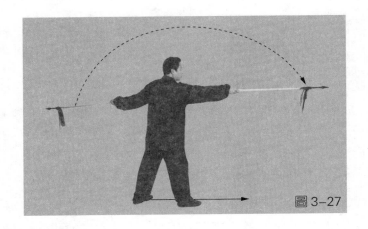

圖 3-27

（2）上動不停。右手握槍，繼續向下從身體左側向後、向上、向前、向下舞花繞行一周至身前；左手握槍，從身體左側向下、向後、向上繞行至身後。隨右手槍舞花，上身先向左擰轉，後向右擰轉。目隨右槍尖。（圖 3-27）

【用途及要點】同動作 16。

19.右舞花槍

（1）左手握槍，從身後向上、向前、向下繞行至身前。左腳同時向前邁一步，雙腿微屈膝。目視左槍尖。（圖 3-28）

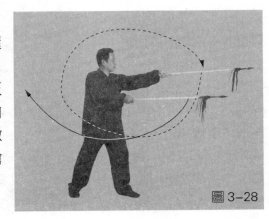

圖 3-28

（2）上動不停。左手握槍，繼續向下從身體右側向後、向上、向前、向下舞花繞行一周仍至身前；右手握槍，從身體右側向下、向後、向上繞行至身後。隨左手槍舞花，上身先向右擰轉，後向左擰轉。目隨左槍尖。（圖3-29）

【用途及要點】同動作17。

20.游龍回頭

（1）雙腳以前掌為軸碾地，身體向右後轉，右腳向後退一步，左腿屈膝，右腿伸直。在轉身退步的同時，左手握槍，向前中平扎槍；右手握槍，收放至右腰前側，槍身平直朝前。目視左槍尖。（圖3-30）

圖3-29

圖3-30

圖 3-31

（2）上動不停。左腳向後退一步，右腿屈膝，左腿伸直。同時，右手握槍，向前中平扎槍；左手握槍，收放至左腰前側，槍身平直朝前。目視右槍尖。（圖3-31）

【用途及要點】對手從身後持械攻我且來勢較猛，我轉身退步閃刺或攔刺其胸部。轉身要迅疾，退步扎槍要輕快，並要同時、有力。

第 四 段

21.巧童撩槍（左）

左腳向前邁一步落地，雙腿微屈膝。左手握槍，向下、向前、向上撩槍，槍尖朝前上方；右手握槍，收放至右腰前側，槍身平直朝前。目視左槍尖。（圖3-32）

【用途及要點】先發制人，快速向前撩擊對手襠、腹部；後發制人，用右手槍攔開對手從前方攻來之械，左手槍撩其襠、腹部。撩槍用力要足，要與上步同時進行。

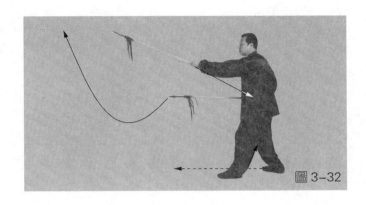

圖3-32

圖3-33

22.巧童撩槍（右）

　　右腳向前邁一步落地，雙腿微屈膝。右手握槍，向下、向前、向上撩槍，槍尖朝前上方；左手握槍，收至左腰前側，槍身平直朝前。目隨右槍尖。（圖3-33）

　　【用途及要點】可與上勢連用，對方如後退，我上步進身，用右手槍連續撩對手身體。撩槍、上步要一體，速度要快，力量要足。

圖 3-34

23.巧童撩槍（左）

左腳向前邁一步落地，雙腿微屈膝。左手握槍，向下、向前、向上撩槍，槍尖朝前上方；右手握槍，收放至右腰前側，槍身平直朝前。目視左槍尖。（圖 3-34）

【用途及要點】同動作 21。

24.青龍吐鬚（右）

左手握槍，向下、向左磕掛，槍尖朝左前下方；右手握槍，用力向前中平扎槍。同時，右腳向前邁一步落地，右腿屈膝，左腿伸直。目視右槍尖。（圖 3-35）

【用途及要點】

用左手槍向左下方磕掛對手攻我下盤之械，用右手槍向前扎對方胸部。左手槍

圖 3-35

圖 3-36

磕掛、右手扎槍、右腳上步要三動一體,同時完成。

25.青龍吐鬚(左)

右手握槍,向下、向右磕掛,槍尖朝右前下方;左手握槍,用力向前中平扎槍。左腳同時向前邁一步落地,左腿屈膝,右腿伸直。目視左槍尖。(圖 3-36)

【用途及要點】同動作 24,惟左右槍動作相反。

26.挑槍驚天

(1)右腳向前邁一步落地,右腿屈膝,左腿伸直。兩手握槍,同時向前下方扎槍,槍尖均朝前下方。目視右槍尖。(圖 3-37)

圖 3-37

（2）上動不停。雙手握槍，同時用力向上、向前挑槍，槍尖均朝前上方。目隨右槍尖。（圖 3-38）

【用途及要點】用雙槍向下磕攔對手攻我下盤之械後即向上挑對手之身。挑槍要快速有力。

27.回頭殺槍

以雙腳前掌為軸碾地，身體向左後轉，左腿屈膝，右腿伸直。伴隨轉身，左手握槍，向左攔掛後收放至左腰前側，槍身平直朝前；右手握槍，向前中平扎槍。目視右槍尖。（圖 3-39）

【用途及要點】對手持械從身後攻我中盤時，我左轉身用左手槍攔掛對手之械，用右手槍向前扎對手胸部。轉身要疾，攔槍、扎槍要迅猛力足。

第 五 段

28. 橫掃千軍（左）

（1）右腳向前邁一步落地，身體左轉，雙腿微屈膝。雙手握槍，一起向上、向左掃至頭前上方，槍尖均平直朝左。目視左槍尖。（圖3-40）

（2）上動不停。雙手握槍，繼續於頭上方向左掃擊一周，仍橫於頭前上方，左手心朝上，右手心朝下，槍尖均朝左，槍身平直。目視左槍尖。（圖3-41）

【用途及要點】一是掃擊對手的頭部，二是橫架對手劈來之械。掃槍要迅猛，周身要配合，做到身槍一體。

圖3-40

圖3-41

29.橫掃千軍（右）

圖 3-42

（1）左腳向前邁一步，身體右轉，雙腿微屈膝。在上步轉身的同時，雙手握槍，一起向右掃擊至頭前上方，槍身均平直朝右。目視右槍尖。（圖3-42）

（2）上動不停。雙手握槍，繼續從頭上方朝右掃擊一周，仍橫於頭上方，左手心朝下，右手心朝上，槍身均平直朝右。目視右槍尖。（圖3-43）

【用途及要點】同動作28。

圖 3-43

30.迎封剪架

身體左轉，右腳向前邁一步落地，右腿屈膝，左腿伸直。同時，雙手握槍，一起向頭前上方剪架，兩槍身交叉，右手槍在前，槍尖朝左前上方，左手槍在後，槍尖朝右前上方。目視左槍尖。（圖3-44）

【用途及要點】對手持械攻我頭部時，我用雙槍同時向上攔架。上步、架槍要同時進行。

31. 二龍奪寶

（1）上動不停。右手握槍，用力向前中平扎槍；左手握槍，收放至左腰前側，槍身平直朝前。目視右槍尖。（圖3-45）

（2）左手握槍，用力向前中平扎槍；右手握槍，收放至右腰前側，槍身平直朝前。目視左槍尖。（圖3-46）

圖3-44

圖3-45

圖3-46

圖 3-47

【用途及要點】可與上勢連用，用槍攔架對手攻來之械後即向前連續扎對手的胸部。兩手連續扎槍要連貫、快速。

32.夜叉探海

左腳向前邁一步落地，腿微屈膝，右腿直腿向後平伸，上身前伏。雙手握槍，一起向前中平直扎槍。目視前方。（圖 3-47）

【用途及要點】可與上勢連用，對方如後退，我上步進身，用雙槍同時扎對手胸部。全身要協調配合，保持身體平衡。

第 六 段

33.金槍反刺

右腳落地，腿屈膝，上身後仰。兩手握槍，從頭上方同時向後扎槍，槍尖均朝後下方。目視後方。（圖 3-48）

圖 3-48

圖 3-49

【用途及要點】先發制人，用槍向後扎欲攻我之對
手。扎槍要突然、快速，全身要協調一體。

34.獨龍翻身

（1）雙腳以前掌為軸碾地，身體向右後翻轉，雙腿微
屈膝。雙手握槍，隨轉身下落身前，槍身均平直朝前。目
視前方。（圖 3-49）

圖3-50

（2）左腳向前邁一步落地，身體右轉，右腳從左腳後向左插步，雙腿屈膝。在雙腳動作的同時，雙手握槍，一起向左下方扎槍，槍尖均朝左下方。目視左槍尖。（圖3-50）

【用途及要點】對手持械從前方攻我時，我用雙槍向右攔掛後上步進身扎對手下盤。上步、轉身、插步、扎槍幾個動作要連貫緊湊，形成一體。

35.雙龍奔月

上動不停。雙手握槍，同時快速向左後上方扎槍，槍尖均朝左後上方。目隨左槍尖。（圖3-51）

【用途及要點】與上勢連用，雙槍扎對手下盤後即向上扎對手頭部。連續扎槍要快速有力。

圖3-51

36.游龍轉身

以雙腳前掌為軸
碾地，身體向右轉
270°，雙腿微屈膝。
雙手握槍，隨身轉動
至身前，槍身均平直
朝前。目視前方。
（圖3-52）

圖3-52

【用途及要點】用雙槍同時掃擊四周欲攻我之對手。
掃槍要迅猛、有力，槍身要協調合一。

37.槍扎三盤

（1）左腳向前邁一步落地，左腿屈膝，右腿伸直。同
時，左手握槍，向前上方扎槍，槍尖朝前上方；右手握槍，
收至右腰前側，槍伸平直朝前。目視左槍尖。（圖3-53）
（2）上動不停。右手握槍，向前中平扎槍；左手握

圖3-53

槍，收至左腰前側，槍身平直朝前。目視右槍尖。（圖3-54）

（3）上動不停。左手握槍，向前下方扎槍，槍尖朝前下方；右手握槍，收至右腰前側，槍身平直朝前。目視左槍尖。（圖3-55）

【用途及要點】雙槍連續扎對手上、中、下三盤。連續扎槍要緊湊有力。

38.仙人歸洞

右腳向前邁一步落地，身體向左後轉，左腿屈膝，右

圖3-54

圖3-55

圖 3-56

腿伸直。同時，左手握槍，向左攔掛後收至左腰前側，槍
身平直朝前；右手握槍，向前中平扎槍。目視右槍尖。
（圖 3-56）

【用途及要點】對手從身後持械攻我中盤時，我左轉
身用左手槍攔掛對手之械，用右手槍扎其胸部。轉身要輕
靈急速，攔槍、刺槍要同步進行。

收　勢

（1）身體右
轉，右腿屈膝半蹲，
左腿伸直成左高仆
步。雙手握槍，落至
身體右前方，槍身貼
胸前，槍尖均朝左上
方，左手接握右手
槍。目視左方。（圖
3-57）

圖 3-57

（2）身體站起，左腳向右腳靠攏併齊，雙膝微屈，上身直立。左手握兩槍身，貼於身體左側，槍身直立左臂前，槍尖均朝上；右手成掌，自然下貼至右大腿外側。目平視前方。（圖3-58）

【用途及要點】同預備勢。

圖3-58

第四章

迷蹤拳雙鐧

　　迷蹤拳雙鐧是單人習練雙器械之一，這套鐧具有招大勢圓、靈活多變、舒展大方、剛猛快速、出鐧凌厲、攻防兼備、結構嚴謹、布局縝密的特點。

　　主要技法有劈、掃、點、撩、掛、戳、剪、鉸、磕、挑、架、撥、攔、崩、雲、擢、按、截，等等。

動作名稱

動作圖解

預備勢

兩腳併立。兩手各握一鐧柄垂於兩胯旁，手心向裡，鐧尖朝前。目視前方。（圖4-1）

第 一 段

1.天王托塔

右腳前上半步，左膝微屈，左腳跟離地。同時，兩手握鐧，屈肘提腕上舉，使雙鐧由前向上崩起，豎立於前，鐧尖向上，兩鐧之間距離與肩同寬。目視左鐧。（圖4-2）

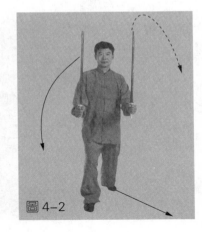

圖4-1　　圖4-2

【用途及要點】擺挑前方之敵。右腳上步，左腿屈膝與雙鐧上崩同時完成。

2.鐧打鴛鴦（左）

（1）身體左轉，左腳向前上步，屈膝半蹲，右腿伸直，成左弓步。左手握鐧，轉體向上、向前劈打；右鐧隨之向右後下畫。目隨視左鐧。（圖4-3）

（2）左鐧向下經身體左側向後畫弧掛鐧；右手握鐧，由後經上向前畫弧劈鐧。目視右鐧。（圖4-4）

圖4-3

【用途及要點】

左鐧劈打前方之敵後，向左後撥掛敵之來械，在左鐧前劈時，敵逃或左右躲閃，我速用右鐧劈打之。左鐧快打，右鐧緊跟。轉體、上步、左掛鐧與右鐧前劈要同時完成。

圖4-4

3.鐧打鴛鴦（右）

（1）身體右後轉，右腿屈膝，成右弓步。右鐧隨體轉經上向前劈鐧；左鐧隨之舉於左後上方。目視右鐧。（圖4-5）

（2）右手握鐧，屈肘下降至右腰側，鐧尖朝前；同時，左手握鐧經上向前劈打。目視左鐧。（圖4-6）

【用途及要點】兩鐧依次劈打前方之敵。兩腳同時用力碾地，使身體快速向右後擰轉。右弓步與雙鐧依次前劈要同時完成。

圖4-5

圖4-6

4.抽撤連環

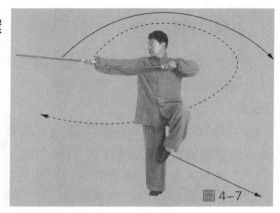

圖4-7

　　身體左轉，右腳直立支撐，左腿屈膝提起，腳面繃平，腳尖朝下，成右獨立步。左手握鐧，屈肘收於胸前，鐧尖朝右；同時，右鐧尖向右平直戳擊。目視右鐧尖。（圖4-7）

　　【用途及要點】敵持械從前方攻我，我用左鐧向左前畫帶敵械，同時，右鐧快速戳擊敵中、上盤。左鐧左抽時隨身體左轉而快速抽撤，右鐧戳擊時要快速用力，力在鐧尖，右臂伸直。左腳上提要與左鐧左收、右鐧戳擊同時完成。

5.擰轉乾坤（左）

圖4-8

　　（1）右腳碾地，身體左轉，左腳向前落地，屈膝成左弓步。同時，左手握鐧，隨體轉使左鐧向上、向前、向下經身體左側向後畫弧繞環掛鐧；右鐧隨之向

上、向前畫弧掛鐧。目
視右鐧。（圖4-8）

　　（2）右腳向前上
步，右腿屈膝，左腿自
然伸直，成右弓步。同
時，右手握鐧，使右鐧
由前向左、向下經身體
左側繞環至左腋後；左
鐧由後經上向前畫弧掛
鐧。目視左鐧。（圖4-9）

圖4-9

　　【用途及要點】雙鐧依次劈蓋左前方之敵，撩挑身後
之敵，撥挎截攔敵之來械。

6.擰轉乾坤（右）

　　（1）左腿稍屈膝，腳跟離地。左手握鐧，由前向下經
身體右側向後弧形繞環掛鐧；右鐧由左後向上、向前畫
弧。目視左鐧。
（圖4-10）

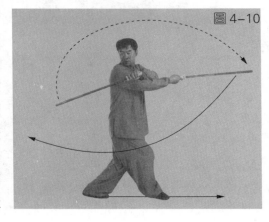

圖4-10

　　（2）左腳向
前上步，左腿屈
膝，右腿伸直。同
時，左鐧由右後繼
續向上、向前畫
弧；右手握鐧，由
左前上方向右、向
下經身體右側向後

畫弧掛鐧，兩臂伸直。目視左鐧。（圖4-11）

（3）左手握鐧，使左鐧由前向下經身體右側畫弧至右腋後；右鐧由後向上、向前畫弧掛鐧。目視右鐧。（圖4-12）

【用途及要點】雙鐧依次劈蓋右前方之敵，撩挑身後之敵。兩鐧前後立圓繞行時要貼近身體，但不可觸地碰身，速度要快、要圓、要活，雙肩力求下沉。

7.敬德攔路

重心後移，右腿直立支撐，左腿屈膝上提，身體隨之

圖4-11

圖4-12

稍右轉。同時，右手握
鐧，屈肘回收至右腰側；
左手握鐧，使鐧身向前推
掃，左臂伸直。目視左鐧
身。（圖 4-13）

【用途及要點】敵從
前方攻我下盤，我抬腿躲
過。右鐧撥帶敵械，左鐧
掃敵中盤。推掃鐧、後抽
鐧要同時用力，右腿支撐

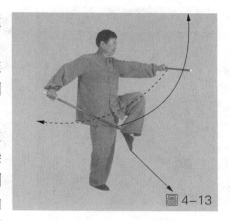

圖 4-13

要穩，上體保持立直，要挺胸、立腰。右獨立步與左鐧前
推、右鐧後抽要同時完成。

8.蒼鷹抱環

（1）上體稍左轉，左腳向體前落步，左腿屈膝，右腿
伸直。左手握鐧，使左鐧尖向右下斜穿；同時，右鐧向左
前上畫，兩臂交叉。目
視右鐧。（圖 4-14）

（2）右腳向前上
步，兩膝微屈。右手握
鐧，使右鐧上提至左肩
外、經後繞至體右側，
鐧尖向右；同時，左鐧
經前向左畫弧至身體左
側，兩臂平伸。目視右
鐧。（圖 4-15）

圖 4-14

 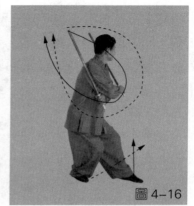

圖4-15　　　　　　　　　　圖4-16

（3）左腳向前上步，腳尖點地，右腿屈膝，成左虛步。兩手握鐧，使雙鐧向體側交錯平掃後，雙腕上挑，雙鐧斜貼於兩臂外，鐧尖斜向上，兩臂環抱，雙肘平屈。目視左前方。（圖4-16）

【用途及要點】雙鐧截剪下壓前方敵之來械，挑架身後敵械，掃擊四方之來敵。左腳落地與雙鐧前剪鉸同時進行。右腳上步與雙鐧左右平繞要協調，左虛步與雙抱鐧要同時完成。

9. 雙龍入洞

（1）右腳前擺，左腳蹬地跳起。雙手握鐧，使雙鐧向前、向下分別經體側向後上弧形繞環，雙鐧尖向前上。目視前方。（圖4-17）

（2）右腳體前落地，左腳隨之落於右腳內側，兩腿屈膝下蹲。同時，兩手握鐧，由後上向前、向下交叉下落，雙鐧尖斜向前下。目視前下方。（圖4-18）

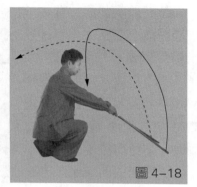

圖4-17　　　　　圖4-18

【用途及要點】雙鐧同時撥掛體側敵之來械，撩擊身後之敵，劈打前方敵之上盤，並截插下壓前下方敵之來械。跳步不宜過高、過遠，但左腳落步要快，與右腳相近同時，雙鐧後繞前劈時要貼近身體，切勿觸地碰身，雙鐧交叉時應在體前劈鐧後再交叉下落。

10. 雙龍盤絞

（1）身體上起，左腿屈膝支撐，右腿屈膝提起後，快速向下震踏地面，左腿隨即屈膝提起。兩手握鐧。使雙鐧舉至頭頂上方，隨之向體側平繞，兩臂伸直，雙鐧尖均向外。目視前方。（圖4-19）

圖4-19

（2）左腳向體前落步，屈膝半蹲，右腿伸直，成左弓步。兩手握鐧，使雙鐧由體側

同時向前上斜掛，雙鐗前端於前上方交叉。目視雙鐗交叉處。（圖4-20）

圖4-20

【用途及要點】雙鐗同時劈砸體側之敵，斜掃前方之敵，剪鉸前方之敵，亦可剪鉸上架敵械。

雙鐗由前向上、向後繞環時，上體稍後仰，右腿震踏地面促使左腳快速提起。雙鐗前上交叉時應在雙鐗前掛與下頜同高、然後再交叉上舉。右腳踏地、左腳提起要與雙鐗後繞同時進行，左弓步與雙鐗前掛交叉要協調一致。

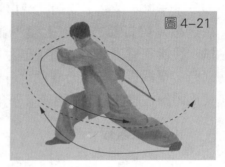

圖4-21

第 二 段

11.犀牛望月

兩腳碾地，使身體右轉180°，右腿屈膝，左腿伸直。雙手握鐗，隨體轉使雙鐗向下經前向右後下方斜掃，右臂伸直，右鐗尖向右後下方，左臂屈肘於胸前，左鐗斜擺於右臂前。目視右鐗。（圖4-21）

【用途及要點】雙鐗隨體轉掃擊右、後、左三方之敵。兩腳用力碾地，使身體快速擰轉，右後掃鐗時，上體稍右

轉左傾。轉體、掃鐧要協調。

12. 掃掛連環（左）

右腿屈膝支撐，左腳向前掛掃地面。同時，兩手握鐧，使雙鐧由右後下方經前上向左後下方斜向劈掛，左臂伸直，右臂屈肘於胸前，雙鐧尖均向左後下方。目視右鐧。（圖4-22）

圖4-22

【用途及要點】雙鐧同時劈掛斜掃右、前、左三方敵之上、中、下三盤，左腳掛掃敵下盤。左下劈掃鐧時身體稍左轉，上體要平穩中正；左腳掛

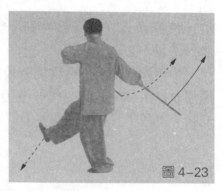

圖4-23

掃要輕靈快捷，左腳向前掃掛與雙鐧左下劈掃要同時完成。

13. 掃掛連環（右）

左腳體前落地，左腿屈膝支撐，右腳由後向前搓蹬。雙手握鐧，使雙鐧由左後下方向上、向前、向右後下方弧形掃掛，右臂伸直，左臂屈肘於胸前，雙鐧尖均向右後下方。目視右鐧尖。（圖4-23）

【用途及要點】劈掃左前敵之中、上盤，斜掃右後敵

之下盤。右腳搓蹬時，右腿要先屈膝，然後伸直向前下搓蹬地面，搓腳時用力剛猛，力在腳跟。在做掃掛鐧、搓腳時要快、猛、剛、脆，上體稍右轉左傾，但不可失去重心。搓腳、掛鐧、轉體要同時完成。

14.鴛鴦落架

（1）右腳體前落地，右腿屈膝。同時，雙手握鐧，使雙鐧繼續向右後平繞。目視右鐧。（圖4-24）

（2）右腿直立，身體右轉，左腿隨之屈膝提起，腳面繃平，腳尖向下，成右獨立步。同時，兩手握鐧，挺腕上挑，使雙鐧直立於身體右側，雙鐧尖均向上。目視右鐧身。（圖4-25）

【用途及要點】雙鐧同時繞挑右後之敵。雙鐧直立，攔擋敵之來械。右腿支撐要穩固，身體保持立直，挺胸、立腰；雙臂屈肘托撐雙鐧要用力。

圖4-24

圖4-25

15.迎風拋扇

（1）左腳左擺，右腳蹬地跳起，身體懸空左轉 90°。同時，兩手握鐧，使雙鐧尖向右上插舉，右臂伸直，左臂屈肘。目視右鐧。（圖 4-26）

（2）左腳落地，膝微屈。同時，兩手握鐧，使雙鐧由右上方經前向左後下方斜掃。目視左鐧。（圖 4-27）

【用途及要點】敵於前方持械攻我，我快速縱跳貼近敵身，左鐧左下掃掛敵械，右鐧斜劈敵身。身體跳起與雙鐧右上插舉同時進行，雙鐧左下劈掛與左腳落地要協調一致。

16.金龍咬尾

（1）右腳順勢前擺，左腳蹬地跳起，身體懸空左轉 90°。同時，兩手握鐧，隨體轉使雙鐧尖向左前上方挑起。

圖 4-26

圖 4-27

目視左鐧尖。（圖4-28）

（2）右腳落地，屈膝
半蹲，左腳向右後插落，左
腿伸直。同時，兩手握鐧，
使雙鐧由左前上方繼續經上
向右後下方畫弧劈鐧，右臂
伸直，左臂屈肘於胸前。目
視右鐧。（圖4-29）

【用途及要點】雙鐧同
時戳擊前方之敵，反劈身後

圖4-28

之敵。左插步時，右腳尖外
展，左腿伸直腳跟離地，雙鐧前上舉、右後下劈幅度要
大；左腿後插與雙劈鐧要同時完成。

17.怪蟒翻身

（1）兩腳碾地，使身體左轉180°，左腿屈膝半蹲，
右腿伸直，成左弓步。同時，左手握鐧，隨體轉經上向前

圖4-29

劈打；右鐧隨之向右後上方畫弧。目視左鐧。（圖 4-30）

　　（2）右腳前上一步，屈膝半蹲，左腿伸直，成右弓步。同時，左手握鐧，屈肘回收至左腹前，鐧尖朝前；右鐧由後向上、向前畫弧劈鐧。目視右鐧。（圖 4-31）

　　【用途及要點】敵從身後攻我，我速轉體用左鐧斜劈敵中盤，敵退逃，我用右鐧劈打敵上盤。兩腳用力碾地，使身體快速擰轉，擰轉時要保持重心，切勿因轉體太急而使身體左右晃動。

圖 4-30

圖 4-31

18. 回馬掃鐧

重心後移，上體
左轉，左腿直立支
撐，右腿屈膝提起，
腳尖向下，成左獨立
步。兩手握鐧，使雙
鐧同時經前向左平
掃，左臂伸直，右臂
屈肘於胸前。目視左鐧尖。（圖4-32）

圖4-32

【用途及要點】敵從身後攻我，我速轉體用雙鐧掃擊
敵中盤。雙鐧左掃要快速有力，右腳上提、雙鐧左掃要同
時完成。

19. 公明趕山

右腳向右落地，兩腿屈膝半蹲，成馬步。兩手握鐧，
使雙鐧由左經前向右平掃，右臂伸直，左臂屈肘於胸前。
目視右鐧。（圖4-33）

【用途及要點】
雙鐧同時掃擊右前方
之敵。成馬步時，兩
腳稍寬於肩，兩腳尖
內扣，要挺胸、直
腰。右掃鐧與馬步要
同時完成。

圖4-33

第 三 段

20.右撩鐧

圖4-34

（1）重心右移，身體左轉，左腳後移半步，腳尖點地，兩腿屈膝，成左虛步。同時，兩手握鐧，稍下降，使雙鐧尖向右後下方。（圖4-34）

（2）右腳向前上步，屈膝，左腿伸直，成右弓步。在右腳向前上步的同時，兩手握鐧，使雙鐧由右後下方繼續向下經身體右側向前上畫弧撩鐧。目視左鐧尖。（圖4-35）

【用途及要點】兩鐧同時點擊右後之敵，撩擊前方之敵。身體左轉成左虛步與雙鐧右後沉點要協調，右腳上步與雙鐧前撩要同時完成。

圖4-35

21.左撩鐧

（1）上體稍左轉，重心後移，右腳回收半步，腳尖點地，左腿屈膝，成右虛步。同時，雙手握鐧，使雙鐧由前上繼續向上、向左、向後、向下畫弧，雙鐧尖均向左後下方，左臂伸直，右臂屈肘於胸前。目視左鐧。（圖4-36）

（2）左腳前上一步，屈膝成左弓步。雙手握鐧，使雙鐧由左後下方繼續向下經身體左側向前上撩起。目視右鐧。（圖4-37）

【用途及要點】

雙鐧同時反劈身後之敵，挑帶左方敵之來械，並快速撩擊前方之敵。虛步時，應右虛左實，右虛步與雙鐧左後畫弧同時進行，左腳上步與雙鐧前上撩要同時完成。撩鐧時幅度要大，上體稍右轉左傾。

圖4-36

圖4-37

圖4-38

22.迎風避月

（1）左腳後移半步，腳尖點地，身體下沉成左虛步。同時，雙手握鐧，使雙鐧由前上繼續向上、向右、向後、向下畫弧，右臂伸直，左臂屈肘於胸前。目視右鐧。（圖4-38）

（2）重心前移，左腿支撐。兩手握鐧，使雙鐧由右後下方繼續向下經身體右側向前上撩起，同時，右腳向前彈踢。目視右鐧。（圖4-39）

【用途及要點】敵從前方攻我，我用雙鐧撩擊敵之上盤或上架其械，右腿彈擊敵襠、腹部位。雙鐧前撩時要貼近身體，右腳彈踢時右腿要先屈膝提起，蓄力後向前快速崩彈，力在腳尖。雙鐧前撩與右腿彈踢要同時完成。

圖4-39

23.平沙落雁

（1）左腳蹬地跳起，懸空中身體左轉 90°。雙手握鐧，隨體轉使雙鐧舉至頭前上方。目視前方。（圖4-40）

圖4-40

（2）右腳落地，左腳向右後插落，兩腿交叉屈膝。同時，雙鐧交錯平掃至體側，兩肘平屈，兩臂交叉屈抱，右臂在上，雙鐧尖均向外。目視右鐧。（圖4-41）

（3）兩腿屈膝下蹲，成歇步。同時，兩手握鐧，使雙鐧分別向體側平掃。目視右鐧。（圖4-42）

【用途及要點】敵從前方攻我，我用雙鐧剪鉸敵之上盤。敵從左右攻我，我用雙鐧同時掃擊兩側敵之下盤。右腳向前彈出，左腳立即跳起。不要使右腿於體前停頓。歇步時，兩腿要夾緊，右腳尖外展，左腳跟離地抬起。雙鐧

圖4-41

圖 4-42

圖 4-43

剪抱與雙腳落地同時進行，歇步與雙鐧側掃要同時完成。

24.點石成金

（1）身體上起左後翻轉270°。兩手握鐧，隨體轉左鐧經上向前畫弧掛鐧，右鐧隨之舉至身後，兩臂伸直。目視左鐧。（圖 4-43）

（2）右腳向前上步，屈膝成右弓步。同時，左鐧由前向左後下掛；右鐧繼續經上前掛。目視右鐧。（圖 4-44）

圖 4-44

（3）重心後移，左腿屈膝。右手握鐗，使右鐗繼續向下經身體左側向後畫弧掛鐗；左鐗隨之稍向左後提。目視右鐗。（圖 4-45）

圖 4-45

（4）重心前移，右腿屈膝。在重心前移的同時，右鐗由左後繼續向上、向前掛鐗；左鐗於身後平舉。目視右鐗。（圖 4-46）

圖 4-46

（5）左鐧由左後經上向前畫弧掛鐧；同時，右鐧由前向下經身體右側向後弧形掛鐧。目視左鐧。（圖 4-47）

（6）左腿屈膝，左腳面貼扣於右膝後側，右腿隨即屈膝。同時，左手握鐧，屈肘於左腰後，使左鐧平貼於左腰側；右手握鐧，由右後向上、向前下屈腕點鐧。目視右鐧尖。（圖 4-48）

【用途及要點】雙鐧蓋劈前方之敵，撩擊身後之敵，撥掛左、右、前三方敵之來械。雙鐧於體側立繞時要貼近身體，但不可觸碰身體，鐧下繞時，肘微屈，莫使鐧尖觸地，前上畫弧時幅度宜大；右鐧前點、左鐧後收要與扣步下蹲同時完成。

圖 4-47

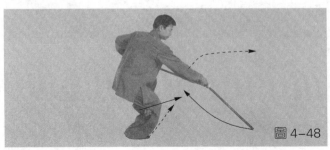

圖 4-48

25.連珠箭

（1）身體稍上起，左腳前擺，右腳蹬地跳起。同時，左手握鐧，使左鐧尖向前直臂平戳；右手握鐧屈肘回收於腰側，鐧尖朝前。目視左鐧尖。（圖4-49）

（2）左腳體前落地，右腳快速前上一步，右腿屈膝半蹲，左腿伸直，成右弓步。在右腳向前上步的同時，左手握鐧，屈肘後擺，使左鐧回收至左腰側；右手握鐧，使右鐧尖向前直臂戳擊。目視右鐧。（圖4-50）

【用途及要點】敵從前方攻我，我用左鐧戳擊敵中盤，

圖4-49

圖4-50

敵退，我用右鐧追戳之。跳步不宜太大，但要快速靈活。雙鐧前戳要速快力猛，力在鐧尖。跳步與左鐧前戳、右鐧回收同時進行，右腳上步與右鐧前戳、左鐧後收要同時完成。

第 四 段

26.鷂子搜林

（1）兩腳碾地，使身體左轉 180°，左腿屈膝，右腿伸直，成左弓步。同時，兩手握鐧，隨體轉使雙鐧向左、向前平掃。目視左鐧。（圖 4-51）

圖 4-51

（2）右腳前擺，左腳蹬地跳起。同時，兩手握鐧，由上向左經身後繞至右後上方，兩臂屈肘，兩手略高於頭部。目視右手。（圖 4-52）

（3）右腳先落地，左腳經右腳內側向前落步，左腿屈膝半蹲，右腿伸直。同時，兩手握鐧，使雙鐧由右後上方

圖 4-52

向前掃擊。目視左
鐗。（圖4-53）

【用途及要點】

從身後攻我，我
速轉體用雙鐗掃擊敵
中盤。敵從多方持械
攻我上盤，我用雙鐗
遮攔撥架敵械後，快
速掃擊敵中、上盤。
跳步要與頭上雲鐗同
時進行，左弓步與雙
鐗前掃要協調；雲鐗
要快、要平、要圓。

圖4-53

27.羅漢敲鐘

重心後移，身體
右轉，右腿直立支
撐，左腿隨之屈膝提
起。同時，兩手握
鐗，使雙鐗由前、向

圖4-54

上、向右後甩劈，左臂屈肘，右肘微屈，雙鐗尖向右後上
方。目視右鐗。（圖4-54）

【用途及要點】敵從身後追擊我，我速回身用雙鐗劈
敵上盤。敵從前方掃我下盤，我提膝躲過。轉體、提膝、
雙鐗右後扣打要同時完成。左腿屈膝後上提時，小腿內
收，腳面繃平，腳尖朝下。

28.葉裡藏花

（1）身體左轉，左腳向前落地，屈膝。同時，左手握鐧，隨體轉使左鐧經上向前直臂劈鐧；右手握鐧，直臂舉於右後上方。目視右鐧。（圖4-55）

（2）右腳前上一步，屈膝半蹲，左腿伸直，成右弓步。同時，右手握鐧，由右後上方經上向前畫弧劈鐧；左臂屈肘，左手擺於右腋下，使左鐧由前向下經身體右側向後畫挑。目視右鐧。（圖4-56）

圖4-55

圖4-56

【用途及要點】敵從前方持械攻我，我用左鐧右掛敵械，右鐧劈蓋敵身。右腳上步、右鐧前劈、左鐧右後畫挑要同時完成。

29.大鵬展翅

（1）身體左轉 180°，左腿屈膝，右腿自然伸直。雙手握鐧，隨體轉右鐧向前上畫弧撩擊，左鐧下沉於身體右側。目視右鐧尖。（圖 4-57）

（2）左腳向後偷步，兩腿屈膝。同時，右鐧由前經上向右後下方畫弧；左鐧經身體右側向前上畫弧撩鐧。目視左鐧。（圖 4-58）

圖 4-57

【用途及要點】敵從前後方攻我，我用左鐧撩擊前方之敵，右鐧反劈身後之敵。前後劈撩鐧幅度要大。左腳向後偷步，左鐧前撩與右鐧反劈要同時完成。

圖 4-58

30.回馬鐧

（1）兩腳碾地，使身體左轉 180°，左腿屈膝半蹲，右腿伸直。兩手握鐧，隨體轉使雙鐧由身後經右上向左畫弧。目視左鐧。（圖 4-59）

（2）右腳向前上步，腳尖內扣，身體隨之左轉 180°，左腿屈膝成左弓步。兩手握鐧，隨體轉使雙鐧尖繼續向上、向前掃插。目視右鐧尖。（圖 4-60）

【**用途及要點**】敵分前後攻我，我用雙鐧先掃擊前方之敵，後隨身體慣力後轉掃掛插戳敵之上盤。轉體要快，以腰發力帶動四肢，掃鐧要快速有力，力在鐧身。前上插鐧時，力在鐧尖，雙鐧前上掃插要與轉體成左弓步同時完成。

圖 4-59

圖 4-60

圖 4-61

31.鐗斷春江

左腳向後插步伸直，右腿屈膝半蹲。兩手握鐗，使雙鐗尖由前向下、經身體右側向後畫弧，左臂屈肘於胸前，右臂伸直，雙鐗尖向右後下方。目視右鐗尖。（圖 4-61）

【用途及要點】撥掛前、右敵之來械，反撩身後敵之下盤。後插步要大、要穩，雙鐗後撩要快速有力。後撩鐗時上體要右轉左傾，左腿插步與後撩鐗要同時完成。

32.玉龍繞柱

（1）身體左轉 180°，兩腿屈膝。同時，兩手握鐗，使雙鐗隨體轉向左前平掃。目視左鐗。（圖 4-62）

（2）左腳碾地，使身體繼續左轉，右腿屈膝隨體轉上提，腳尖向下。同時，雙手握鐗，隨體轉使雙鐗繼續向左平掃，左臂伸直，右臂屈肘於胸前。目視左鐗。（圖 4-63）

【用途及要點】敵從四方攻我，我速轉體變步換位，用兩鐗掃擊四方之敵。轉體時，以左腳為軸，右腳輔助用

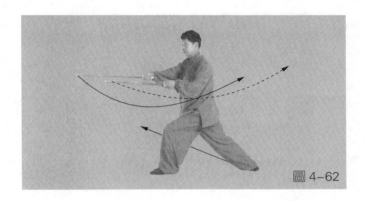

圖 4-62

圖 4-63

力。雙鐧左掃要借助身體左轉慣力，雙鐧擺平掃穩。左獨
立步要與雙鐧左掃同時完成。

33.殺手鐧

　　左腿屈膝全蹲，右腿平仆伸直，成右仆步。同時，左
手握鐧，屈肘左上舉，使左鐧橫架於頭頂上方；右手握
鐧，由左經前向右下斜掃至右腿上方，右臂伸直。目視右
鐧。（圖 4-64）

圖4-64

【用途及要點】左鐧上架敵之來械，右鐧掃擊左、前、右三方之敵。仆步掃鐧時，左手屈肘上架要蘊藏內力。提胸，直腰，右鐧掃擊要快速有力。

第 五 段

34.雙鐧錯鞭

（1）身體上起左轉，成左弓步。同時，左鐧由上向前、向下經身體左側向後掛鐧；右手握鐧，使右鐧尖由後經體右側向前直臂戳擊。目視右鐧尖。（圖4-65）

（2）重心後移，身體右轉，右腿直立支撐，左腿屈膝提起，腳尖向下。同時，右手握鐧，屈肘回收，使右鐧平置於右胸前；左手握鐧，使左鐧尖向前直臂戳擊。目視右鐧尖。（圖4-66）

【用途及要點】左鐧撥掛敵械，右鐧戳擊敵身，敵退逃，我用左鐧追戳之。左、右鐧前戳要快速有力、力在鐧尖，身體上起與左鐧左掛、右鐧前戳同時進行，左腿後提，右鐧回收與左鐧前戳要協調。

圖 4-65

圖 4-66

35.孔雀開屏（左）

（1）身體左轉，左
腳向前落步，左腿屈膝。
兩手握鐧，使雙鐧向下經
身體左側向後繞環掛鐧。
目視左鐧。（圖 4-67）

圖 4-67

（2）左手握鐧，向上、向前直臂掛鐧；右手握鐧，繼續向後掛，右臂屈肘。目視右鐧。（圖4-68）

（3）右腳向前上步，屈膝，左腿自然伸直。同時，左手握鐧，使鐧尖由前向下經身體右側向後畫弧下掛；右手握鐧，由後向上、向前畫弧繞環下掛，兩臂於胸前交叉，左臂在上。目視左鐧尖。（圖4-69）

（4）左腳前上一步，屈膝、右腿自然伸直。同時，左手握鐧，使鐧尖由後向上、向前直臂弧形下掛，鐧尖朝前下；右手握鐧，由前向下經身體右側向後直臂弧形繞環上

圖4-68

圖4-69

掛，鐧尖向後上。目視右鐧。（圖4-70）

（5）身體稍左轉，左手握鐧，使左鐧尖由前向下經身體左側向後直臂畫弧下掛；右手握鐧，使右鐧尖由右後向上、向前直臂上掛，鐧尖朝前下。目視左鐧尖。（圖4-71）

【用途及要點】雙鐧劈蓋前敵之上盤，撥掛左、右、前三方敵之來械，撩掛左、右、後三方敵之下盤。雙鐧劈蓋挑掛幅度要大，上體隨雙鐧劈掛而左右轉動，雙掛鐧要以肩為軸，快速、靈活、圓轉，雙臂使力要均勻。

圖4-70

圖4-71

36.怪蟒搶穴

（1）兩腳不動。左手握鐧，使左鐧尖由後向上、向前畫弧；右手握鐧，使鐧尖由前繼續向下、向右屈肘反臂斜插，鐧尖向右下，身體隨之右轉。目視右鐧尖。（圖4-72）

（2）左腿屈膝全蹲，右腿伸直平仆，上體隨之右轉。雙鐧同時向下、向右穿鐧。左臂屈肘，右臂伸直。目視右鐧尖。（圖4-73）

【用途及要點】

雙鐧同時插穿右來敵之下盤。雙鐧穿插時要快速有力，力在鐧尖。雙手握鐧要用力，使鐧平穩快速穿插。右仆步與雙鐧穿插要同時完成，仆步時上體稍右轉前傾。

圖4-72

圖4-73

37.孔雀開屏（右）

（1）身體上起左轉，左腿屈膝，右腿伸直。同時，右手握鐧，使鐧尖由右後經上向前畫弧掛鐧；左鐧繼續右後掛。目視右鐧。（圖4-74）

（2）兩腳不動。右手握鐧，使鐧尖向下經體左側向後畫弧下掛；左手握鐧，使鐧尖由右後向上、向前弧形繞環掛鐧，兩臂於胸前交叉，右臂在上。目視右鐧。（圖4-75）

（3）右腳向前上一步，屈膝，左腿自然伸直。右手握鐧，使鐧尖由後向上、向前直臂弧形繞環下掛，鐧尖朝前

圖4-74

圖4-75

下；左手握鐧，使左鐧尖由前向下、經身體左側向後直臂繞環上掛，鐧尖向後上。目視右鐧。（圖4-76）

（4）兩腳不動。右手握鐧，使鐧尖由前向下、經身體右側向後直臂畫弧下掛；左手握鐧，使鐧尖由後向上、向前直臂上掛，鐧尖向前下。目視左鐧尖。（圖4-77）

（5）兩腳不動。右手握鐧，使右鐧尖由後向上、向前、向左下畫弧反臂插鐧；左手握鐧，使鐧尖繼續向下、向右反臂插穿，兩臂交叉於胸前。目視前下方。（圖4-78）

圖4-76

圖4-77

圖4-78

【用途及要點】雙鐧挎打前方之敵，撥掛左、右、前三方敵之來械，撩撥後方敵之下盤。雙鐧於體側立圓繞行時幅度要大、要圓、要活、要快。

38.倒打七星

（1）兩腳碾地，使身左轉 180°，左腿屈膝。兩手握鐧，隨體轉交叉於右腹前，右鐧尖向左前下方，左鐧尖向右後下方。目視右鐧尖。（圖 4-79）

（2）左腳向後偷步，兩腿屈膝。同時，右手握鐧，使

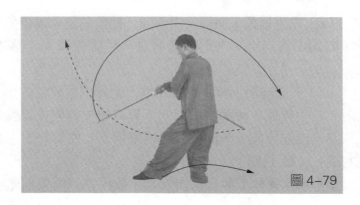

圖4-79

鐧尖由前下向上、
向右後直臂畫弧劈
鐧；左鐧由右後經
身體右側向前、向
上畫弧撩鐧。目隨
視右鐧尖。（圖
4-80）

圖4-80

【用途及要
點】雙鐧同時挑剪
身體右側敵之來

械，左鐧豁撩前方之敵，右鐧反劈身後敵之上盤。兩鐧剪鉸
隨體轉時上下肢要協調。前撩鐧、後劈鐧與左腳後退要同時
完成。

39.鯤鵬剪翅

　　（1）身體左轉180°，左腿屈膝，右腿自然伸直。左
手握鐧，隨體轉使左鐧由後經上向前劈打；右鐧舉至右後
上方。目視左鐧。（圖4-81）

　　（2）左手握鐧，使鐧尖由前向下經體左側向後畫弧掛
鐧；右鐧由後向上、向前畫弧劈鐧。目視右鐧。（圖4-
82）

　　（3）右腳向前上步，腳尖點地，全身下沉成右虛步。
同時，右手握鐧，使鐧尖由前向下經身體左側向後畫弧掛
鐧；左鐧由左後向上、向前弧形繞環劈蓋，左臂在上。目
視右鐧。（圖4-83）

　　【用途及要點】敵分前後攻我，我用左鐧劈蓋前敵之

圖 4-81

圖 4-82

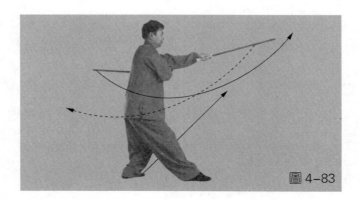

圖 4-83

上盤，右鐧後撩敵
之下盤。右腳上步
與左鐧前劈、右鐧
後撩要同時完成。

40.潛龍上天

　　右手握鐧，使
鐧尖由左後向下經
身體左側向上、向

圖4-84

前畫弧撩鐧；左鐧尖向下經體側向後弧形繞環反撩鐧，鐧
尖向左後下方。在右鐧向前上撩擊的同時，右腿直立支
撐，左腳隨之向前快速彈踢。目視右鐧尖。（圖4-84）

　　【用途及要點】兩鐧同時撩擊前後之來敵，左腳彈擊
敵中盤。雙鐧前後撩擊時要快速有力，左腳彈踢時左腿先
屈膝上提，然後用力向前彈踢，左腿伸直，腳面繃平，力
達腳尖。雙鐧前後分撩與左腿崩彈要同時完成。

41.霸王敬酒

　　左腳體前落地，左腿屈膝支撐，右腳向前搓蹬地面。
同時，右手握鐧，使右鐧由前向下經體右側向後畫弧反
撩；左鐧由左後經體側向前、向上畫弧撩鐧。目視左鐧。
（圖4-85）

　　【用途及要點】左鐧撩擊前方之敵，右鐧反撩後敵之
下盤，同時，右腳搓蹬敵腳、小腿部位。雙鐧前後分撩與
右腳搓蹬要同時完成。

圖4-85

42.鳳凰落崖

（1）左腳迅速蹬地跳起，懸空中身體左轉 90°。同時，兩手握鐧，隨體轉使雙鐧向左前方畫弧。目視右鐧尖。（圖4-86）

圖4-86

（2）右腳落地，上體繼續左轉，左腳向右後插步，兩腿交叉屈膝。兩手握鐧，隨體轉使雙鐧繼續向左前上方畫弧。目視左鐧。（圖4-87）

圖4-87

圖 4-88

（3）兩腿屈膝下蹲，成歇步。同時，右手握鐗，向下、向右、向後掃鐗；左手握鐗，屈肘右上舉，使左鐗橫架於頭頂上方。目視右鐗。（圖 4-88）

【用途及要點】左鐗上架敵械，右鐗掃擊右後之敵。歇步、左架鐗、右掃鐗要同時完成。

第 六 段

43. 扣蹬藏鐗

（1）身體上起，左腳向前上一步，左腿屈膝，右腿自然伸直。同時，左手握鐗。由上向前直臂平劈；右手握鐗，由右後下方向上直臂舉於右後上方。目視左鐗。（圖 4-89）

（2）右腿前上一步，屈膝半蹲，左腿伸直，成右弓步。同時，左手握鐗，屈肘沉腕於左腹前，使左鐗尖由前上下沉於左前下方；右鐗由後經上向前、向下經身體左側向後繞環掛鐗。兩臂交叉於左腹前，左臂在外，右鐗尖斜向左後下方。目視右鐗尖。（圖 4-90）

【用途及要點】左鐧撥掛前敵之來械，右鐧蓋劈敵之
上盤，右鐧亦可斜插身後之近敵。右腳上步、雙鐧交叉要
協調。

44.天女散花

（1）兩腳碾地，使身體左轉180°，右腿屈膝，左腿
稍向後移，腳尖著地。兩手握鐧，隨體轉擺至身右側，隨

之，右鐧由前下經上向右後弧形繞環直臂反劈；左鐧由右後下方經身體右側向前上直臂畫弧撩鐧。目視左鐧。（圖4-91）

（2）左腳向後退一步，身體隨之左後翻轉180°，左腿屈膝半蹲，右腿伸直，成左弓步。兩手握鐧，隨體轉左鐧經上向前畫弧，右鐧向下畫弧繞舉至右後上方。目視左鐧。（圖4-92）

【用途及要點】敵分前後攻我，我用左鐧撩擊前方之

圖4-91

圖4-92

敵，右鐧反劈身後之敵。轉體、移步、左鐧前撩、右鐧反劈要同時進行。退步、轉體、左鐧前劈、右鐧上舉要協調一致。

45.秦王觀陣

（1）右腳前上一步，腳尖內扣，上體隨之左轉，兩腿屈膝半蹲，成馬步。兩手握鐧，隨體轉左手握鐧，向左、向下屈肘於左腰側，使左鐧身向前、向左、向後弧形繞掃至腰後，鐧身貼於後腰背，鐧尖向右；右鐧由右後向前、向左前下方斜掃。目視右鐧。（圖4-93）

圖4-93

（2）身體左轉，左腿屈膝，右腿伸直。同時，右手握鐧，隨體轉使右鐧向上、向左畫弧掃鐧至左肩外；左手握鐧，屈肘擺至右腋下，使左鐧由身後向下、向前、向右繞弧形掃鐧至體右側，兩臂屈肘環抱交叉，雙鐧尖向外。目視前方。（圖4-94）

圖4-94

【用途及要點】敵

分左右兩路攻我，我轉身上步，右鐧斜劈右方之敵，左鐧掃擊左方之敵。雙鐧同時剪掃前方之敵。上步、轉體、雙鐧同時掃擊要協調，轉

圖4-95

體、雙鐧剪抱要同時完成。

46.雄鷹展翅

重心後移，右腿屈膝支撐，左腿屈膝後擺，腳掌朝上，上體隨之前俯。同時，雙手握鐧，向體側平舉，使雙鐧同時向前、分向體側畫弧掃鐧。目視左前方。（圖4-95）

【用途及要點】雙鐧平掃前、左、右方之敵，左腳撩身後之敵。後撩腳要快速有力，力在腳跟，雙掃鐧要平、要圓，身體前俯，左腳後撩與雙鐧平掃要同時完成。

47.白虎撲食

（1）左腳體後落步，上體左轉180°，左腿屈膝，右腿自然伸直。同時，左鐧向右、向上隨體轉向前弧形繞環劈鐧；右鐧向左、向上畫弧至右後上方。目視左鐧。（圖4-96）

（2）身體左轉，右腳向右前上步，腳尖內扣，前腳掌著地。同時，右手握鐧，隨體轉使右鐧畫弧至右前上方；

圖 4-96

左鐧屈肘下落於右腹前，鐧尖向右。目視右鐧。（圖 4-97）

（3）重心移於右腿，身體向左後擰轉，右腳用力蹬地跳起，左腿隨體轉向左後上方擺起。同時，兩手握鐧，隨體轉使雙鐧向下、向上畫弧至右前上方。目視左鐧。（圖 4-98）

圖 4-97

圖 4-98

（4）懸空中身體繼續左
轉，右腿由右向左裡合擺腿。
同時，雙手握鐧，舉至頭前上
方，雙鐧尖向上。目視前方。
（圖 4-99）

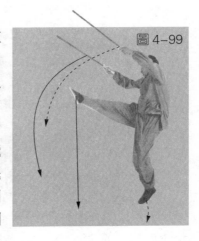

圖 4-99

（5）左腳落地，身體繼
續左轉，左腿屈膝全蹲，右腿
向右平仆伸直，成右仆步。同
時，兩手握鐧，隨體轉使右鐧
由上向右下畫弧劈鐧，左臂屈
肘於左腰側，使左鐧平置於胸前。目視右鐧。（圖 4-100）

【用途及要點】雙鐧隨體轉撥、掛、劈、挑四方之敵。
撩鐧、轉身，裡合擺腿要協調。右腿要伸直靠近身體向左
扇形擺動，速度要快，右腿平仆與雙鐧下劈要同時完成。

48.力戰八方（左）

（1）身體上起向左擰轉，左腿直立支撐，右腳向左前
擺。同時，雙手握鐧，隨體轉使雙鐧畫弧至右前。目視右

圖 4-100

圖 4-101　　　　　　　圖 4-102

鐧尖。（圖 4-101）

（2）左腳用力蹬地跳起，懸空身體左轉 180°。雙手握鐧，隨體轉使雙鐧向左、向上經後平雲至右前上方。目視左鐧尖。（圖 4-102）

（3）右腳先落地，左腳於身後落步，身體繼續左轉，兩腿屈膝半蹲，成馬步。同時，左手握鐧，屈肘於左腰後，使左鐧由右向左、向下經身體左側向後、向右弧形繞掃，鐧身貼於腰背；右鐧由右上向左下斜劈。目視右鐧。（圖 4-103）

圖 4-103

【用途及要點】雙鐧平繞為撥攔掃架敵之來械，右鐧斜劈前敵，左鐧後掃後敵之中盤。頭上雲鐧要快、要圓、要活、要平，馬步與右鐧斜劈、左鐧後掃要同時完成。

圖4-104

49. 力戰八方（右）

（1）右腿屈膝支撐，左腳右擺，身體隨之向右擰轉。雙手握鐧，隨體轉使雙鐧畫弧至右前上方。目視右鐧尖。（圖4-104）

（2）右腳蹬地跳起，身體懸空右轉180°。雙手握鐧，隨體轉使雙鐧由右上經後、向左平雲至體左前上方。目視右鐧。（圖4-105）

（3）左腳先落地，右腳向後落步，身體隨之右轉，兩

圖4-105

圖 4-106

腿屈膝半蹲，成馬步。同時，兩手握鐧，隨體轉使雙鐧經前向右平掃，左臂屈肘於胸前，右臂伸直。目視右鐧。（圖 4-106）

【用途及要點】雙鐧同時掃擊前、右兩方之敵。要點同動作 48。

50. 掃風罩月

（1）身體左轉，左腿屈膝成左弓步。雙手握鐧，隨體轉經前向左平掃。目視雙鐧尖。（圖 4-107）

圖 4-107

（2）身體右轉，右腿屈膝成右弓步。右鐧隨體轉經上向右前畫弧劈鐧；左鐧隨舉至左後上方。目視右鐧。（圖4-108）

（3）右手握鐧，屈肘回收於右腰側，使右鐧向後下收降，鐧尖向前；同時，左鐧經上向前直臂畫弧，鐧尖向右前上方。目視左鐧。（圖4-109）

【用途及要點】雙鐧同時掃擊左前之敵，依次劈蓋右

圖4-108

圖4-109

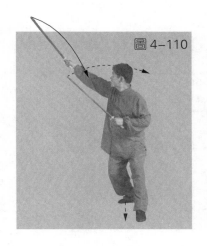

前方之敵。身體左轉與雙鐧左掃同時進行，身體右轉與右鐧後收、左鐧前劈同時完成。

51.白蛇吐信

上體稍左轉，左腳向前上半步，腳尖點地，成左虛點步。同時，左手握鐧，屈肘於胸前，使左鐧斜向左下收降，鐧尖斜向右前上方；右手握鐧，使鐧尖由前向右前上方直臂戳擊。目視右鐧尖。（圖4-110）

【用途及要點】敵從右前方攻我上盤，我用左鐧下壓敵械，右鐧戳擊敵上盤。左腳上步、左鐧回收、右鐧右上戳擊要同時完成。

52.雙鷹落架

右腳向左腳併步。兩手握鐧，屈肘下降於胸前，使雙鐧同時向左、向下沉落，直立於身前，鐧尖朝上。目視右鐧尖。（圖4-111）

收　勢

　　兩臂自然下垂，兩手握
鐧柄，貼靠於兩大腿外側，
掌心朝裡，雙鐧尖均向前。
目視前方。（圖 4–112）

圖 4–112

第五章

迷蹤拳雙鞭

　　迷蹤拳雙鞭是迷蹤拳單人習練雙器械之一。據說，這套鞭法是宋代水泊梁山名將呼延灼的鞭法。主要技法有砸、磕、掃、捋、戳等等。特點是鞭式威猛，招勢急險，左右協調，動作連貫，身鞭合一，鞭法自然。

動作名稱

預備勢
第一段
1. 迎破天門
2. 秋風掃葉
3. 鞭打回頭
4. 迎封戳胸
5. 敬德出征
6. 走馬回頭
7. 蛟龍翻身
8. 雙龍入海
第二段
9. 鞭打連環（右）
10. 鞭打連環（左）
11. 天王旋鞭
12. 野馬分鬃
13. 撩鞭打陰
14. 撥鞭砸頂
第三段
15. 泰山壓頂

16. 天王托塔
17. 鯨魚翻脊
18. 二龍鬧海（左）
19. 二龍鬧海（右）
20. 霸王舞花（左）
21. 霸王舞花（右）
22. 霸王舞花（左）
23. 霸王舞花（右）
24. 靈猿翻身
25. 雙鞭貫耳
第四段
26. 砸下撩上
27. 暗渡陳倉
28. 老龍旋身（左）
29. 老龍旋身（右）
30. 拙漢掛搓（左）
31. 拙漢掛搓（右）
32. 金剛蓋頂
33. 夜叉探海

第五段
34. 二龍搶珠
35. 倒打金冠
36. 怪獸翻身
37. 敬德鞭石（右）
38. 敬德鞭石（左）
39. 鞭打兩邊
40. 游龍攪海
41. 鞭分三段
第六段
42. 攔腰斬蛟（左）
43. 攔腰斬蛟（右）
44. 驚獅擺頭（右）
45. 驚獅擺頭（左）
46. 橫掃千軍
47. 崩鞭擊頭
48. 舞花盤頂
49. 雙龍奔月
收　勢

動作圖解

預備勢

雙腳併步，身體直立。兩手握鞭，平放兩大腿外側，手心朝裡，鞭尖朝前。目平視前方。（圖 5-1）

【用途及要點】預備勢為待發勢，為攻或守做準備。要鬆靜自然，凝神站立。

第 一 段

1.迎破天門

（1）兩手握鞭，向頭前上方剪架，左鞭在後，鞭尖斜朝右前上方，右鞭在前，鞭尖斜朝左前上方。目視鞭行。（圖 5-2）

圖 5-1

圖 5-2

（2）左腳向前邁一步落地，左腿屈膝，右腿蹬直。同時，兩手握鞭，向前下方砸擊，鞭尖均朝前。目視前方。（圖5-3）

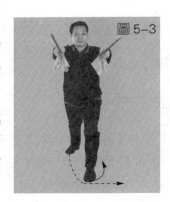

圖5-3

【用途及要點】對手持械擊我頭部時，我用雙鞭向上迎架後即向前、向下砸擊對方頭部。上剪架要快速，下砸擊要有力。

2.秋風掃葉

雙腳以前掌為軸碾地，身體向左轉，右腳向前邁一步，雙腿右屈左直成右弓步。在轉身上步的同時，兩手握鞭，向左、向後、向右掃轉一周，左手握鞭橫至頭前上方，鞭尖朝右，右手握鞭掃擊至頭前方，手心朝上，鞭尖朝前。目視右鞭。（圖5-4）

【用途及要點】對手持械從左方攻我頭部時，我用左手鞭向左磕掛其械，右手握鞭掃擊其頭部。轉身上步與掃鞭要同時進行。

圖5-4

3.鞭打回頭

雙腳以前掌為軸碾地，身體向左後轉，左腳向後退一步，右腿屈膝，

左腿伸直。隨轉身退步，左手握鞭，向下磕掛後平放左腰側，手心朝右，鞭尖朝前；右手握鞭，向前下方砸擊，手心朝右，鞭尖朝前。目視右鞭。（圖5-5）

圖5-5

【用途及要點】對手從身後持械攻我中盤時，我急轉身，用左手鞭向下磕掛其械，用右手鞭砸其頭部。轉身要疾，鞭磕掛要快，砸擊要有力。

4.迎封戳胸

身體向左後轉，左腿屈膝，右腿伸直，成左弓步。同時，左手握鞭，向上橫至頭前上方，手心朝前，鞭尖朝右；右手握鞭，向前猛力直戳，手心朝左，鞭尖朝前。目視右鞭。（圖5-6）

圖5-6

【用途及要點】對手
從身後持械攻我頭部時，
我急轉身，用左鞭向上迎
架其械，用右鞭向前戳其
胸部。橫鞭上架、前戳鞭
要同時完成。

5.敬德出征

圖5-7

右腳向前邁一步落
地，雙腿微屈膝。右手握鞭，向下磕掛，手心朝左，鞭尖
朝前下方；左手握鞭，向前下方砸擊，手心朝右，鞭尖朝
前下方。目視左鞭尖。（圖5-7）

【用途及要點】對手持械攻我下盤時，我右手鞭向下
磕掛，左手鞭砸擊其頭部。砸鞭要有力。

6.走馬回頭

（1）左腳向前邁一步落地。（圖5-8）

圖5-8

（2）上動不停。身體右轉，右腳從左腳後向左插步，雙腳成偷步。與轉身插步同時，雙手握鞭，同時向下、向右、向上、向左、向下繞行一周，左手心朝右，右手心朝左，鞭尖均朝前下方。目視左鞭。（圖5-9）

圖5-9

【用途及要點】可與上勢連用，對手後退時，我上步進身掄鞭連擊其身。轉身、插步、鞭繞行要一體，身鞭合一。

7. 蛟龍翻身

以兩腳前掌為軸碾地，身體向右翻轉270°，右腿屈膝，左腿伸直。兩手握鞭，隨著身體向右後翻轉同時向前下方砸擊。目視前方。（圖5-10）

圖5-10

圖 5-11

【用途及要點】

突然翻身砸身後欲攻我之對手。翻身砸鞭要迅猛有力。

8.雙龍入海

左腳向前邁一步落地，腿即屈膝，右腿伸直成左弓步。同時，兩手握鞭，一起向前戳擊。目視前方。（圖 5-11）

【用途及要點】對手持械從前方攻我頭部時，我頭向右躲閃的同時，用雙鞭戳擊其胸部。戳擊用力要足。

第 二 段

9.鞭打連環（右）

（1）以兩腳前掌為軸碾地，身體向右後轉，右腿屈膝，左腿伸直。右手握鞭。隨轉身向右前下方磕掛，臂伸直，手心朝左，鞭尖朝右前下方。目視右鞭尖。（圖 5-12）

（2）上動不停。左腳向前邁一步落地，左腿屈膝，右腿伸直。左手握鞭，隨著上步向右前下方斜擄，臂伸直，手心朝左，鞭尖朝右前下方。目視左鞭尖。（圖 5-13）

【用途及要點】對手從身後持械攻我中盤時，我速轉身用右手鞭向下磕掛其械，上步進身，用左手鞭擄擊對手

圖 5-12

圖 5-13

頭部。轉身上步、鞭磕掛砸擊要連貫緊湊，一氣呵成。

10.鞭打連環（左）

（1）左手握鞭，向右後、向上、向左前下方繞行磕掛，臂伸直，手心朝右，鞭尖朝左前下方。目隨左鞭。（圖5-14）

圖5-14

圖5-15

（2）上動不停。右腳向前邁一步落地，右腿屈膝，左腿伸直。右手握鞭，向左前下方猛力斜捋，臂伸直，手心朝左，鞭尖朝前下方。目隨右鞭。（圖5-15）

【用途及要點】對手從左前方持械攻我中盤時，我左手鞭向下磕掛其械，右手鞭捋其頭部。左手鞭磕掛、右腳上步、右手鞭捋擊要並行一體。

11.天王旋鞭

圖 5-16

（1）以雙腳前掌為軸碾地，身體向左轉 180°，雙腿微屈膝。雙手握鞭，隨轉身同時向左掃至身前，左鞭在上，右鞭在下，手心均朝左，鞭尖均朝前。目隨鞭行。（圖 5-16）

（2）上動不停。左腳向後退一步，身體繼續向左轉180°，左腿屈膝，右腿伸直成左弓步。雙手握鞭，隨轉身繼續向左掃180°至身前，雙鞭仍左上右下，鞭尖朝前。目隨鞭行。（圖 5-17）

【用途及要點】用鞭掃擊四周欲攻我之對手。轉身掃

圖 5-17

圖 5-18

鞭速度要快，力量要大。

12. 野馬分鬃

右腳向前邁一步落地，身體左轉，雙腿屈膝下蹲成馬步。同時，雙手握鞭，向身體兩側分砸，手心均朝前，鞭尖朝左右方。目視右鞭。（圖 5-18）

【用途及要點】先發制人，用鞭同時砸擊左右兩側欲攻我之對手。左右砸鞭要協調、有力。

13. 撩鞭打陰

身體右轉，左腳向前邁一步落地，雙腿左屈右直成左弓步。與轉身上步同時，左手握鞭，向前、向上撩擊，臂伸直，手心朝左，鞭尖朝前；右手握鞭，向後、向上撩擊，臂伸直，手心朝左，鞭尖朝後。目視右鞭。（圖 5-19）

【用途及要點】用鞭撩擊前後欲攻我之對手的襠部。前後撩鞭用力要足。

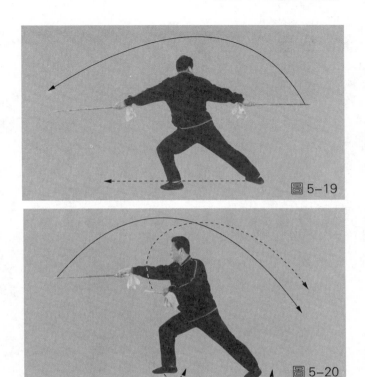

圖 5-19

圖 5-20

14.撥鞭砸頂

右腳向前邁一步落地，右腿屈膝，左腿伸直。左手握鞭，向右撥掛後橫放身前，手心朝下，鞭尖朝右；右手握鞭，向前、向下砸擊，手心朝下，鞭尖朝前。目視右鞭。（圖 5-20）

【用途及要點】對手持械從前方攻我下盤時，我用左鞭向右磕掛其械，用右鞭砸其頭部。撥鞭要快，上步要疾，砸鞭要狠。

第 三 段

15.泰山壓頂

兩腳以前掌為軸碾地，身體向左後轉，左腿屈膝，右腿伸直成左弓步。在轉身的同時，雙手握鞭，一起向前下方蓋壓，手心均朝裡，鞭尖朝前下方。目視前方。（圖5-21）

【用途及要點】對手從身後持械攻我頭部時，我左轉身躲閃的同時，用雙鞭蓋砸對手頭部。轉身須快，砸鞭要用力。

圖5-21

16.天王托塔

右腳向前邁一步落地，腿即屈膝，左腿伸直。雙手握鞭，分別向外（左手左、右手右）、向下、向裡、向上托鞭，手心均朝上，鞭尖均朝前。目視前方。（圖5-22）

【用途及要點】對手從前方持械攻我中盤時，我用鞭向上托撩其械後即向前戳其胸部。雙手托鞭要有力。

圖5-22

17.鯨魚翻脊

左腳向前邁一步落地，左腿屈膝，右腿蹬直，成左弓步。雙手握鞭，同時臂內旋，向外、向上、向裡、向下砸脊，手心均朝下，鞭尖均朝前。目視前方。（圖5-23）

圖5-23

【用途及要點】可與上勢連用，對手後退時，我上步進身用鞭翻砸其頭部。上步的同時砸鞭，二動合一。

18.二龍鬧海（左）

左手握鞭，向左後下方磕掛，手心朝下，鞭尖朝左前下方；右手握鞭，向左下方抒擊，手心朝下，鞭尖朝左前下方。右腳同時向前上一步，右腿屈膝，左腿伸直。目視右鞭。（圖5-24）

【用途及要點】

對手從左前方持械攻我時，我用左手鞭下磕掛其械，用右手鞭擼打其身。右手鞭擼擊要猛。

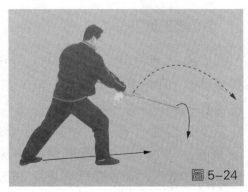

圖5-24

圖 5-25

19.二龍鬧海（右）

右手握鞭，向右後下方磕掛，手心朝下，鞭尖朝右前下方；左手握鞭，向右下方捋擊，手心朝下，鞭尖朝右前下方。左腳同時向前邁一步，左腿屈膝，右腿伸直。目視左鞭。（圖5-25）

【用途及要點】對手從右前方持械攻我中盤時，我用右手鞭向下磕掛其械，用左手鞭捋打其身。捋鞭要有力。

20.霸王舞花（左）

（1）右手握鞭，直臂向後、向上、向前、向下畫圓繞行至身前，手心朝下，鞭尖朝前。右腳同時向前上一步，雙腿微屈膝。目隨右鞭。（圖5-26）

（2）上動不停。右手握鞭，繼續向下從身體左側向後、向上、向前、向下畫圓舞花一周，鞭尖朝前；左手握鞭，隨之向下、向後繞行至身後，鞭尖朝後。目隨右鞭。

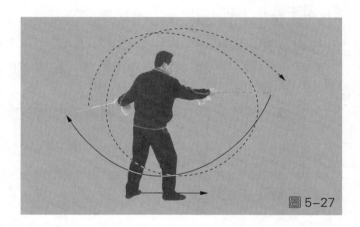

（圖5-27）

【用途及要點】對手從前方持械攻我中下盤時，我用右鞭向下磕掛其械後順勢反砸其頭部。雙手舞鞭勁力要順達。

圖 5-28

21.霸王舞花（右）

左腳向前邁一步落地，雙腿微屈膝。同時，左手握鞭，直臂向上、向前、向下畫圓繞行身前後，繼續從身體右側向下、向後、向上、向前、向下舞花一周，鞭尖朝前；右手握鞭，隨之繞行身後，鞭尖朝後。目隨左鞭。（圖 5-28）

【用途及要點】同動作 20。

22.霸王舞花（左）

右腳向前邁一步落地，雙腿微屈膝。同時，右手握鞭，向上、向前、向下畫圓繞行至身前後，繼續從身體左側向下、向後、向上、向前、向下舞花一周，鞭尖朝前；左手握鞭，隨之繞行至身後，鞭尖朝後。目隨右鞭。（圖 5-29）

【用途及要點】同動作 20。

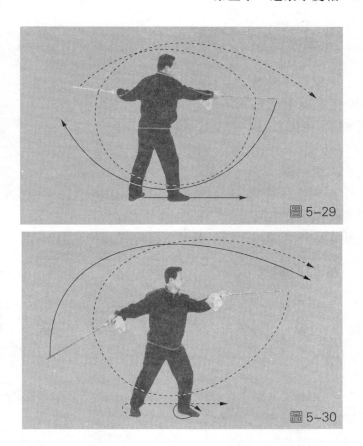

23.霸王舞花（右）

左腳向前邁一步落地，雙腿微屈膝。同時，左手握鞭，直臂向上、向前、向下畫圓繞行身前後，繼續從身體右側向下、向後、向上、向前舞花一周，鞭尖朝前；右手握鞭，隨之繞行身後，鞭尖朝後。目隨左鞭。（圖5-30）

【用途及要點】同動作20。

24.靈猿翻身

以雙腳前掌為
軸碾地，身體向右
後翻轉360°，右
腳向前邁一步落
地，右腿屈膝，左
腿伸直。雙手握鞭
隨身轉動，在右腳

圖 5-31

向前邁步時，向前、向下砸擊。目視前方。（圖5-31）

25.雙鞭貫耳

上動不停。雙手握鞭，同時向外（左手左、右手
右）、向前、向裡貫打，手心朝下，鞭尖朝前。同時左腳
向前邁一步，左腿屈膝，右腿伸直。目視前方。（圖5-
32）

【用途及要點】此勢可與上勢連用，對手從身後持械
攻我時，我急翻
轉身用鞭砸其械
後，速用兩鞭貫
打其兩耳根。翻
身要疾，砸鞭要
猛，雙鞭貫打要
有力，動作要連
貫緊湊。

圖 5-32

第 四 段

26.砸下撩上

（1）身體向左後轉，左腳向前邁一步，左腿屈膝，右腿伸直。伴隨轉身，兩手握鞭，左手鞭由上向下砸擊，手心朝下，鞭尖朝前下方，右手鞭向上撩擊，手心朝上，鞭尖朝前上方。目視右鞭。（圖5-33）

圖 5-33

（2）上動不停。左手握鞭，向上撩擊，手心朝右，鞭尖朝前上方；右手握鞭，向下砸擊，手心朝左，鞭尖朝前下方。目視前方。（圖5-34）

圖 5-34

【用途及要點】先發制人，兩鞭同時攻擊對手，上砸頭下撩襠，使對手防不勝防。雙鞭下砸上撩要同時進行。

27.暗渡陳倉

左手握鞭下落身前下方後，雙手握鞭，同時臂外旋向

上、向外撩架，肘微屈，手心
均朝上，鞭尖均朝前上方。同
時，右腳由身後向前彈踢。目
視前方。（圖5-35）

圖5-35

【用途及要點】對手持械
從前方攻我中盤時，我用鞭向
上撩架其械，用腳彈踢對手襠
部。架鞭的同時踢腳，二動一
體。

28.老龍旋身（左）

（1）右腳向下落地，腳尖左扣。（圖5-36）

（2）上動不停。雙腳以前掌為軸碾地向左後轉，雙腿
微屈膝。左手握鞭，隨轉身向左掄轉至頭前上方，鞭尖朝
右；右手握鞭，隨轉身向左掄轉至頭前上方，鞭尖朝右。
目視前方。（圖5-37）

圖5-36

圖5-37

圖 5-38　　圖 5-39

（3）上動不停。左腳向後退一步，身體向左後轉，左腿屈膝，右腿伸直。在退步轉身的同時，雙手握鞭，均向左，在頭頂上方掄鞭舞花一周半後，左手鞭至身前，臂伸直，手心朝下，鞭尖朝前，右手鞭橫至左腋下，屈肘，手心朝上，鞭尖朝左。目視左鞭。（圖 5-38）

【用途及要點】掄鞭撥打數種攻我之械，並尋機擊打對手。轉身、退步、掄鞭要並行，要快速有力。

29.老龍旋身（右）

（1）以雙腳前掌為軸碾地，身體向右後轉，雙腿微屈膝。兩手握鞭，隨身轉動。目視前方。（圖 5-39）

（2）上動不停。右腳向後退一步，身體向右後轉，右腿屈膝，左腿伸直。與退步轉身同時，雙手握鞭，均向右在頭頂上掄鞭舞花一周半。左手握鞭，橫右腋下，屈肘，手心朝上，鞭尖朝右；右手握鞭，至身前，臂伸直，手心朝下，鞭尖朝前。目視右鞭。（圖 5-40）

【用途及要點】同動作28。

30.拙漢掛搓（左）

　　雙手握鞭，同時向左後下方磕掛，鞭尖均朝左前下方。左腳同時向前上方搓踹，腳離地，腿伸直，腳尖朝左前上方，右腿微屈膝。目視前方。（圖5-41）

　　【用途及要點】對方從前方較近距離持械攻我下盤時，我用鞭向左下磕掛其械，用左腳向前搓踹對方小腿。鞭磕掛、搓踹腿要協調。

31.拙漢掛搓（右）

　　左腳落地，右腳向左前方搓踹，腳離地，腿伸直，腳尖朝右前上方。同時，雙手握鞭，一起先向身前、後向右

圖 5-43

後下方磕掛，鞭尖朝右前下方。目視前方。（圖 5-42）

【用途及要點】同動作 30。

32.金剛蓋頂

（1）右腳震腳落地，腿微屈膝。雙

圖 5-44

手握鞭，同時向後、向上、向前、向下掄圓砸擊，手心均朝裡，鞭尖均朝前。目視前方。（圖 5-43）

（2）上動不停。左腳向前邁一步落地，左腿屈膝，右腿伸直。雙手握鞭，繼續向下從身兩側向後、向上、向前、向下猛力蓋砸，手心均朝裡，鞭尖朝前。目視前方。（圖 5-44）

【用途及要點】對手從前方持械攻我中盤時，我用鞭

圖 5-45

向下砸其械後即向前蓋其頭部。震腳要用力，掄鞭蓋砸要
順達有力。

33.夜叉探海

右腳向前邁一步落地，腿屈膝半蹲，左腳向後直腿平
伸，上體前伸下伏。兩手握鞭，同時向前直戳，臂伸直，
手心均朝裡，鞭尖均朝前。目視前方。（圖 5-45）

【用途及要點】可與上勢連用，對方如後退，我上步
用鞭戳其胸部。前戳鞭、後伸腿要協調，保持身體平衡。

第 五 段

34.二龍搶珠

左腳落地，身體向左後轉，左腿屈膝，右腿伸直。雙
手握鞭，隨轉身左先右後向前下方砸擊，手心均朝裡，鞭
尖均朝前。目視前方。（圖 5-46）

【用途及要點】對手從身後持械攻我中盤，我急轉身

圖 5-46

圖 5-47

用左手鞭攔掛其械，用右手鞭砸其頭部。轉身要輕快，砸鞭要有力。

35.倒打金冠

右腳向前邁一步落地，身體左轉，左腳從右腳後向右插步，雙腿屈膝。同時，雙手握鞭，一起向左、向上、向右、向下畫圓砸擊，左手心朝下，右手心朝上，鞭尖均朝右下方。目視右方。（圖 5-47）

【用途及要點】對手從前方持械攻我身體左部時，我用鞭向左後方磕掛其械後順勢用鞭砸其頭部，同時上步進身。上步、轉身、插步、砸鞭四個動作要連貫，不可脫節。

36.怪獸翻身

雙腳以前掌為軸碾地，身體向左翻轉 270°，左腿屈膝，右腿伸直。雙手握鞭。隨轉身同時向前下方砸擊，手心均朝裡，鞭尖朝前下方。目視前方。（圖 5-48）

【用途及要點】可與上勢連用，一擊不中，我速轉身連擊之。轉身砸鞭速度要快，力量要足。

37.敬德鞭石（右）

左腿站穩，右腿屈膝上提身前，成左獨立步。雙手握鞭，同時向左、向上、向右、向下畫圓砸擊，左手心朝下，右手心朝上，鞭尖均朝右下方。目視右方。（圖 5-49）

圖 5-48

圖 5-49

【用途及要點】對手從右方持械攻我下盤時，我提腿躲閃，同時用鞭砸擊其頭部。提腿砸鞭要同時。

38.敬德鞭石（左）

右腳向前落地，腿站穩，左腿屈膝上提身前，成右獨立步。雙手握鞭，一起向上、向左、向下砸擊，左手心朝上，右手心朝下，鞭尖均朝左下方。目視左方。（圖5-50）

【用途及要點】同動作37。

39.鞭打兩邊

左腳向前落地，左腿屈膝，右腿伸直。雙手握鞭，分別向左右兩側砸擊，臂伸直，手心均朝前，鞭尖分別朝左右下方。目視右鞭。（圖5-51）

【用途及要點】先發制人，突然擊打左右兩側欲攻我之對手。砸鞭要突然、急速、有力。

圖 5-50

圖 5-51

圖 5-52　　　　　　　圖 5-53

40.游龍攪海

（1）左手握鞭，向右掃擊，手心朝右後方，鞭尖朝右前方；右手握鞭，向左交叉掃擊在左鞭上，手心朝左後方，鞭尖朝左前方。目視前方。（圖5-52）

（2）上動不停。雙手握鞭，同時向左右回掃，左手心朝右前方，鞭尖朝左前方，右手心朝左前方，鞭尖朝右前方。目視前方。（圖5-53）

【用途及要點】對手持械攻我頭部，我頭向右躲閃的同時，用鞭橫掃對方中盤。雙鞭掃擊要有力。

41.鞭分三段

（1）右腳向前邁一步落地，右腿屈膝，左腿伸直。右手握鞭，於上盤向左橫擂，手心朝左，鞭尖朝前。目視右鞭。（圖5-54）

（2）上動不停。左手握鞭，於中盤向右橫擂，手心朝

圖 5-54

圖 5-55

圖 5-56

右，鞭尖朝前；右手握鞭，收回右前方。目隨左鞭。（圖
5-55）

（3）上動不停。右手握鞭，於下盤向左橫擂，手心朝
左，鞭尖朝前。目隨右鞭。（圖5-56）

【用途及要點】此是三連擊之法，對手持械從前方攻
我時，我躲閃進身，連擊對手上、中、下三盤，使其防不
勝防。三鞭連擊要緊湊，鞭鞭相扣。

第 六 段

42. 攔腰斬蛟（左）

圖 5-57

（1）以雙腳前掌為軸碾地，身體向左後轉。左手握鞭，向左前上方攔迎，手心朝右，鞭尖朝左前方。目視左鞭。（圖5-57）

（2）上動不停。右腳向前邁一步落地，右腿屈膝，左腿伸直。右手握鞭，於中盤向左猛力掃擊，手心朝左，鞭尖朝左前方。目隨右鞭。（圖5-58）

圖 5-58

【用途及要點】對手於身後持械攻我頭部時，我急轉身用左鞭向左攔迎其械，用右鞭向左掃其腰部。上步要快，鞭掃擊要猛。

43. 攔腰斬蛟（右）

右手握鞭，向右前上方攔擋，手心朝下，鞭尖朝右前方；左手握鞭，於中盤猛力向右掃擊，手心朝右，鞭尖朝右前方。左腳同時向前邁一步落地，左腿屈膝，右腿伸

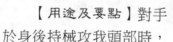

直。目隨左鞭。（圖5-59）

【用途及要點】對手從前方持械攻我頭部時，我右手鞭向右前上方攔迎其械，左手鞭於中盤向右掃其腰部。鞭磕掛、掃擊要同時完成。

44.驚獅擺頭（右）

右腳向前邁一步落地，身體右轉，雙腿屈膝。雙手握鞭，同時向上、向右、向下弧形砸擊，左手心朝下，右手心朝上，鞭尖均朝右下方。目視右方。（圖5-60）

【用途及要點】

對手從右側持械攻我下盤時，我右腳左邁步躲閃，同時用鞭砸擊對手頭部。上步的同時轉身砸鞭。

圖5-59

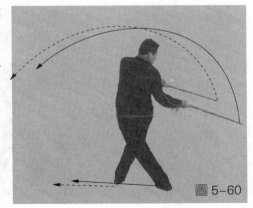

圖5-60

45.驚獅擺頭（左）

　　左腳向左跨一步，右腳從左腳後向右插步，雙腿屈膝。同時，雙手握鞭，向上、向左、向下砸擊，左手心朝上，右手心朝下，鞭尖均朝左下方。目視左方。（圖5-61）

　　【用途及要點】同動作44。

圖5-61

46.橫掃千軍

　　以雙腳前掌為軸碾地，身體向右轉270°，雙腿微屈膝。雙手握鞭，隨轉身同時向右掃一周至身前，雙手心均朝下，鞭尖均朝前。目視前方。（圖5-62）

　　【用途及要點】先發制人，用鞭掃擊四周欲攻我之對手。轉身、掃鞭要一體，勁力要順達。

圖5-62

47.崩鞭擊頭

（1）右腳提起後向前震腳落地，左腳同時提起離地。雙手握鞭，一起向前上方崩鞭，手心均朝裡，鞭尖均朝上。目視前方。（圖5-63）

圖5-63

（2）左腳向前邁一步落地，左腿屈膝，右腿伸直。同時，雙手握鞭，分別向外、向下、向裡貫擊，手心均朝上，鞭尖均朝前。目視前方。（圖5-64）

【用途及要點】對手持械從前方攻我頭部時，我用鞭向上崩擋其械後即向前貫打其頭部。雙腳上步、崩鞭貫擊一氣呵成，速度要快，用力要足。

圖5-64

48.舞花盤頂

右腳向前邁一步落地，身體左轉，雙腿微屈膝。隨著上步轉身，雙手握鞭，於頭頂上方向左、向後、向右、向前舞花一周立於右前上方，左手心朝右，右手心朝左，鞭

圖 5-65　　　　圖 5-66　　　　圖 5-67

尖均朝上。目視右鞭。（圖 5-65）

　　【用途及要點】對手持械擊我胸部時，我用雙鞭向左磕掛後即向前戳擊其頭部。舞鞭要有力。

49.雙龍奔月

　　右腳站立，左腿屈膝上提身前，成右獨立步。雙手握鞭，同時向上方直舉，鞭尖均朝上。目視右鞭。（圖 5-66）

　　【用途及要點】定勢待發動作。舉鞭、提膝要同時。

收　勢

　　左腳落地，雙腳併步，身體直立。雙手握鞭，下落於身體兩側，手心均朝裡，鞭尖均平直朝前。目視前方。（圖 5-67）

　　【用途及要點】同預備勢。

第六章

迷蹤拳雙錘

　　迷蹤拳雙錘分為三路，第一路為混元雙錘，第二路為玄霸雙錘，第三路為鏈子雙錘，本套為混元雙錘。

　　混元雙錘不尚花架，注重實戰，雄渾暴烈，招大勢圓，動如波浪，靜如山岳，步穩身活，複雜多變，一肢動、百肢連，剛猛快速，錘無遮攔。

　　主要技法有劈、砸、撩、擢、掛、貫、搐、擁、挎、掃、磕、滾、蕩、擺、崩、栽、雲等等。

動作名稱

動作圖解

預備勢

兩腳併步站立。兩手各握一錘柄，置於胯旁，錘頂向前，柄向後，兩手心均向內，雙肘微屈。目視正前方。（圖 6-1）

圖 6-1

第 一 段

1. 觀敵眺陣

雙臂屈肘，兩前臂前上伸抬腕，使雙錘向上翻擺，豎立於胸前，錘頂向上，錘柄向下，兩手心相對。目視左錘。（圖 6-2）

圖 6-2

圖6-3　　　　　　　圖6-4

2.羅漢顯身

（1）左腳向前上步。雙手持錘，以雙腕關節為軸，使雙錘同時向前、向下擺動。目視左錘。（圖6-3）

（2）右腳向左腳併步。同時，兩錘經體側分別向後、向上、向前立圓繞轉至兩腰前，錘頂向前，柄把向後。目視左方。（圖6-4）

【用途及要點】左右腳上步與體側雙錘立圓繞行同時完成。

3.羅漢砸鼎

身體左轉，左腿向前上一步屈膝，右腿自然伸直，成左弓步。同時，左手持錘，隨體轉向右、向上、向前劈砸後，向下經體左側繼續向後掛錘；右錘隨之向右、向後經上向前劈錘。目視右錘。（圖6-5）

【用途及要點】敵持械於左方攻我中上盤，我用左錘外掛敵械，右錘劈砸敵身。左錘先上繞後轉體，左錘左掛

要疾，右錘劈砸要
快速有力，左掛
錘、右劈錘要與左
弓步同時完成。

4.元霸觀山

（1）身體右
轉，右腿屈膝。右
手持錘，使右錘經

圖6-5

前上向右劈錘後，屈肘收於右腰側，錘頂斜向右前；左錘
由左後向上、向右前劈錘，錘頂斜向右前上方。目視左
錘。（圖6-6）

（2）右腿直立，左腿屈膝上提，腳面繃平，腳尖向
下，成右獨立步。同時，左臂屈肘下降，使左錘豎立於右
胸前；右手持錘，直臂右上撐舉，錘頂向上。目視左方。
（圖6-7）

【用途及要點】敵持械從右前方攻我中上盤，我用右
錘外格敵械，左錘劈敵
上盤。雙錘向右前上方
劈砸幅度宜大，同時，
身體隨雙錘右前劈砸而
快速右轉成右弓步。左
藏錘、右撐錘與右獨立
步要協調。

圖6-6

圖 6-7

圖 6-8

5.左拋掛錘

　　（1）身體左轉，左腳向體前落步，左腿屈膝。同時，左手持錘，直臂經上向前劈錘；右錘由上向左下、向後反舉至右後上方，錘頂斜向後上。目視左錘。（圖6-8）

（2）右腳向前上一步屈膝，左腿自然伸直。同時，右手持錘，由後上方向前劈錘；左錘隨之向下經左腿外側向後掛錘。目視右錘。（圖6-9）

圖6-9

【用途及要點】

敵持械從前方攻我下盤，我用左錘向左後撥掛敵械，右錘劈砸敵上盤。左腳體前落步與左劈錘同時進行，右腳上步與右劈錘、左掛錘要協調一致。

6.右拋掛錘

圖6-10

（1）兩腳不動，身體稍左轉。右錘由前向下、向後、向上舉至頭頂上方，錘頂向後上；同時，左手持錘，直臂左後擺，錘頂向左後下方。目視右前方。（圖6-10）

（2）左腳向前上一步屈膝，右腿自然伸直。同時，右手持錘，向前劈落後，向下經右腿外側向後掛錘，錘頂斜向右後下方；左錘由左後向上、向前劈砸。目視左錘。

（圖6-11）

【用途及要點】

雙錘劈砸右前方
之敵。左右劈掛錘與
左弓步同時完成。

7.投石問路

右腳向左腳併
步，兩腿屈膝下蹲。
同時，左手持錘，向
下經體右側弧形繞至
右腋後，錘頂向後；
右手持錘，由右後向
上、向前、向下劈
錘，錘頂斜向前下。
目視右錘。（圖6-
12）

圖 6-11

圖 6-12

【用途及要點】

敵持械從前方攻我中盤，我用左錘右掛敵械，右錘劈
砸敵身，右錘前下劈砸，左錘右後反掛與蹲步要同時完
成。

8.單掃掛耳

（1）右腳向前上一步屈膝，上體稍左轉。左手持錘，
向上、向左、向後繞弧形劈錘；右手持錘，直臂前上提。
目視右錘。（圖6-13）

圖 6-13

圖 6-14

（2）兩腳碾地，使身體繼續左轉，左腿屈膝半蹲，右腿伸直，成左弓步。同時，右手持錘，隨體轉使右錘經體右側斜向左前上方掃貫；左手持錘，隨體轉繼續向下、向後掃掛。目視右錘。（圖 6-14）

【用途及要點】敵持械從身後攻我上盤，我速轉體，用左錘掃掛敵械，同時，右錘貫擊敵耳根部。先上步後轉體，左弓步與左掛錘、右貫錘要協調一致，右錘前上掃貫時，上體稍前上伸探。

9.倒打七星

重心後移，左腳向後插步伸直，右腿屈膝半蹲，右腳尖外展。右手持錘。由前上向右、向後直臂劈錘，錘頂向右後下方；同時，左錘由左後下方向前、向上、向右後下方劈錘，左臂屈肘於胸前。目視右後下方。（圖6-15）

圖6-15

【用途及要點】

插步貼近敵身，雙錘同時反劈身後之敵。後插步宜大，雙腳托身要穩，雙錘後劈時，上體稍向右擰轉左傾，雙劈錘要快速有力。

圖6-16

10.野馬分鬃

（1）以右腳跟、左腳掌為軸碾地，使身體左轉180°，成左弓步。左手持錘，隨體轉經上向前劈錘；右手持錘，屈肘上提至左肩後。目視左錘。（圖6-16）

（2）右腳向前上一步，腳尖左扣，身體隨之左轉，雙

腿屈膝半蹲，成馬步。同時，右手持錘，隨體轉經上向右劈錘；左錘向下、向左畫撥至左膝外，錘頂向下，左肘微屈。目視右錘。（圖6-17）

圖6-17

【用途及要點】敵從身後攻我，我速轉體，用左錘劈敵上盤，敵退逃，我上步用右錘追劈之。轉體要快，左錘劈畫要迅急，右劈錘要快速狠猛。

第 二 段

圖6-18

11.羅漢敲鐘

（1）上體稍左轉。右手持錘，順勢向下經體前向左、向上畫弧，右臂屈肘；同時，左手持錘，向左直臂平舉。目視右錘。（圖6-18）

（2）右腿直立，左腿屈膝提起，腳面繃平，成右獨立步。右錘隨左腳上提經上向右前上方甩掛；同時，左錘向上、向前、向右畫弧至右肩前，錘頂向右上，左臂屈肘。目視右錘。（圖6-19）

圖 6-19

圖 6-20

12.雙峰貫耳

　　身體稍左轉，左腳向體前落步，左腿屈膝半蹲，右腿伸直，成左弓步。同時，雙錘向下，隨體轉向左、向前、向上貫錘，雙肘略屈。目視雙錘。（圖6-20）

　　【用途及要點】雙錘同時貫擊前敵之雙耳根部位。雙錘隨體轉同時向下、向左、向前、向上貫擊。向前貫錘時，雙臂打開，當雙錘運行至前上方時，雙錘弧形靠攏。

雙貫錘要快速有力，力要能發能收，左弓步、雙貫錘要同時完成。

13.螳螂捕蟬

（1）右腳迅速前擺，左腳隨即蹬地跳起。同時，雙手直臂擺至身後，使雙錘同時向下分別經兩腿外側向後畫弧，雙錘頂均向後下。目視前方。（圖6-21）

（2）右腳先落地，左腳向右腳前落步，兩腿屈膝下蹲，成低蹲步。同時，雙手持錘，由後向上、向前、向下按扎，雙錘頂均向前下，雙肘微屈。目視雙錘。（圖6-22）

【用途及要點】敵掃我下盤，我跳起躲過。撥掛兩側敵之來械，撩擊身後之敵。敵持械攻我中、下盤，我用雙錘下砸敵械後，順勢向下按扎敵下盤。跳步要高、要遠，落地要輕穩，雙錘後擺要貼近身體。後擺錘、前下扎錘要快速有力，幅度宜大。縱跳與後撩錘同時進行，落步低蹲

與雙錘下扎要協調一致。

14.仙童獻果

圖 6-23

（1）身體上起，右腳離地向左腳前震踏地面，左腿隨即屈膝提起。同時，雙錘由前下向上經體兩側向後、向下畫弧，雙錘頂均向後下。目視前方。（圖 6-23）

（2）左腳向體前落步，左腿屈膝半蹲，右腿伸直，成左弓步。同時，雙手持錘，由身後向下經兩腿外側向前捧撩，錘頂均向前，兩手直臂平伸，手心向上。目視雙錘。（圖 6-24）

【用途及要點】雙錘砸身後之敵，捧撩前方之敵。雙錘後砸前捧立圓繞行時，要貼近身體、要圓、要快、要蘊藏內勁。左弓步與雙捧錘同時完成。

15.海底掃月

（1）右腳向前上步，腳尖內扣，身體左轉 180°，左腿屈膝，右腿伸直。同時，雙手持錘。隨體轉使雙錘經上向前畫弧。目視雙錘。（圖 6-25）

圖 6-24

圖6-25

圖6-26

（2）重心後移，左腳向右腳後落步，兩腿交叉屈膝下蹲，成歇步。兩手持錘，使雙錘向下經右腿外側向後反掃，右臂伸直右後下擺，左臂屈肘於胸前。目視右錘。（圖6-26）

【用途及要點】雙錘劈前敵之上盤，掃後敵之下盤。前劈錘、後掃錘要連貫。後掃錘時身體稍右轉，成歇步時要穩，右腳尖外展，左腳跟離地。

16.劈山震虎

（1）身體上起，右腿直立，左腿屈膝提起。同時，左手持錘，向前、向上屈肘挺腕舉至頭上方，錘頂向後；右手持錘，稍向下沉，錘頂向後下。目視前方。（圖6-27）

圖6-27

（2）右腳碾地，身體左轉180°，左腳向體前落步，左腿屈膝半蹲，右腿伸直，成左弓步。左錘隨左腿落步向前劈錘後，向下經左腿外側向後掛錘；右手持錘，同時經上向前劈錘。目視右錘。（圖6-28）

【用途及要點】敵持械從身後攻我下盤，我轉體用左錘磕砸敵械，右錘劈敵上盤。轉體要快，轉體時用腰發力帶動雙臂及雙錘，使雙錘向前劈掛時快速有力。

圖6-28

17. 天王舉塔（左）

重心前移，左腿直立，右腿屈膝上提，腳面繃平。同時，左手持錘，由左後下方經左腿外側向前，屈肘向上舉至頭左上方，錘頂向左後上方；右錘由前向下經右腿外側向後掛錘，錘頂向右後下方。目視前方。（圖6-29）

圖6-29

【用途及要點】左錘撩擊左前之敵，右錘撥掛敵之來械，並順勢下撩身後之敵。左獨立步與左前撩錘、右後撩錘同時完成。雙錘前後撩擊幅度宜大。

18. 天王舉塔（右）

右腳體前落地挺膝站立，左腿迅速屈膝提起，腳面繃平。同時，右手持錘，使右錘由身後向下經右腿外側向前、向上屈肘撩錘至頭左上方，錘頂向右後下方；左錘由上向左前下方經左腿外側向後反撩。目視前方。（圖6-30）

圖6-30

【用途及要點】右錘前撩前來之敵，左錘下砸前來之械後，

反撩身後之敵。右腳
踩地托身要穩，前後
撩錘身體要保持重
心，切忌因前後撩錘
用力過大使身體前仰
後合或左右晃動。

圖 6-31

19.金童打傘

（1）左腳向體
前落步，左腿屈膝。右手持錘，由上向前直臂劈錘；左手
持錘，向後上稍提。目視右錘。（圖 6-31）

（2）右腳向前上一步，腳尖左扣，上體隨之左轉。右
手持錘，隨體轉使右錘經體前向左、向上屈肘架錘於頭頂
上方；左手持錘，使左錘繼續向上擺提，高與肩平，雙錘
頂均向左。目視左錘。（圖 6-32）

（3）左腿屈膝右擺，
左腳面迅速貼扣於右膝後，
右腿隨即屈膝下蹲。同時，
右錘由上向右、向下劈錘；
左手持錘，使左錘由左向
上、向右屈肘橫架於頭頂上
方，錘頂向右。目視右錘。
（圖 6-33）

【用途及要點】左錘上
架敵之來械，右錘劈砸右方
之敵。左右腳上步與雙錘劈

圖 6-32

掛同時進行，扣步平衡與右錘劈砸、左錘上架要協調一致。

第 三 段

20.張飛擊鼓（左）

（1）身體左轉，左腳向體前落步，左腿屈膝。左手持錘，由上向前直臂劈錘；右手持錘，由

圖 6-33

後向上屈肘舉至頭後上，錘頂向後。目視左錘。（圖 6-34）

（2）右腳向前上一步，右腿屈膝，左腿自然伸直。右手持錘，由上繼續向前劈錘；左手持錘，由前向下經左腿外側向後掛錘，錘頂向左後下方。目視右錘。（圖 6-35）

【用途及要點】敵持械攻我左方，我用左錘向左劈掛

圖 6-34

圖 6-35

圖 6-36

敵械，右錘劈砸敵上盤。左腳上步、右腳上步要快，雙錘
劈掛要快速有力，幅度宜大。

21. 張飛擊鼓（右）

（1）右手持錘，由前向下、向左、向後、向上屈肘舉
至頭左上方，錘頂向後；左手持錘，直臂向左後上提，高
與肩平。目視左錘。（圖 6-36）

（2）左腳向前上一步，屈膝半蹲，右腿伸直，成左弓
步。右手持錘，由上向右、向前劈落後，繼續向下經右腿

外側向後弧形繞行；
同時，左錘由左後經
上向前直臂劈錘。目
視左錘。（圖 6-
37）

圖 6-37

【用途及要點】
同動作 20。

22.銀花雙落

（1）身體右轉 180°，右腿屈膝支撐，左腳隨之離地
稍前上提。雙手持錘，使雙錘同時弧形左前上舉，錘頂均
向左前上方。目視雙錘。（圖 6-38）

（2）左腳落地，右腳向後插步，挺膝伸直，左腿屈膝
半蹲，腳尖外展。同時，左右錘由左前上方依次經上向
後、向下栽錘。目視雙錘。（圖 6-39）

【用途及要點】敵持械攻我中、上盤，我用雙錘向右

圖 6-38

圖 6-39

前托掛敵械，轉體用
雙錘反劈敵身。後插
步要大，兩腿托身要
穩固。雙錘後下栽砸
要快速有力，雙錘後
栽時，上體稍左轉右
傾。插步與雙栽錘要
協調。

圖 6-40

23.猛虎挎攔

（1）兩腳碾地，使身體右轉 180°，右腿屈膝半蹲，左腿伸直，成右弓步。同時，右手持錘，隨體轉經上向前劈錘；左手持錘，隨體轉使左錘舉至頭頂上方，錘頂向後。目視右錘。（圖 6-40）

（2）左手持錘，由上繼續向前劈錘；同時，右錘由前向下經右腿外側向後帶錘。目視左錘。（圖 6-41）

（3）右腿直立，左腿屈膝上提，腳尖向下。同時，雙手持錘，使雙錘向右後撩錘，右臂伸直，左臂屈肘於胸前。目視右錘。（圖 6-42）

【用途及要點】

雙錘同劈體前之來敵，後撩身後之敵。身體右轉與雙錘

圖 6-41

同劈同時進行，右獨立
步與後撩錘要協調一
致。

24.拗步擂錘

（1）左腳向體前
落步，左腿屈膝。同
時，兩手持錘，經體右
側向前平掃。目視雙
錘。（圖6-43）

（2）右腳向前上
一步，腳尖左扣，身體
隨之左轉180°，左腿
屈膝半蹲，右腿伸直，
成左弓步。左手持錘，
隨體轉向前、向上、向
左經體左側向後直臂掛
錘；右錘隨之向前、向
上擂撩，手心向上。目
視右錘。（圖6-44）

【用途及要點】左
錘掃掛敵械，右錘擂撩
敵身。上步要快，轉體
要疾，雙錘之掃掛、擂
撩要迅猛快速。右錘向
前上撩擂時，上體要前

圖6-42

圖6-43

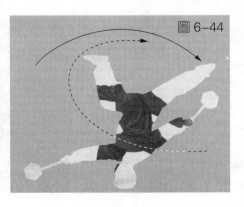

圖6-44

探上伸，但雙腳托身必
須穩固。

25.勒馬劈山

身體右轉，兩腿屈
膝半蹲，成馬步。同
時，右手持錘，向上、
向右直臂平劈；左錘由
左向上、向右屈肘橫架

圖6-45

於頭頂上方，手心向前。目視右錘。（圖6-45）

【用途及要點】左錘上架敵械，右錘劈砸敵身。先轉
體後成馬步，左錘上架、右錘右劈與馬步同時完成。

26.通天炮錘

（1）身體右轉，右腳向後撤半步落於左腳前，前腳掌
著地，雙腿屈膝。同時，右手持錘，臂內旋，屈肘擺於左
腋處，使右錘由前向下經左腿外側向後弧形繞行；左錘隨
體轉由上向前劈錘，兩
前臂於體左側交叉。目
視左錘。（圖6-46）

（2）右腳向前上
步，屈膝半蹲，左腿伸
直，成右弓步。右手持
錘，由左後向下經體左
側向前、向上直臂撩
擊，錘頂向前上；同

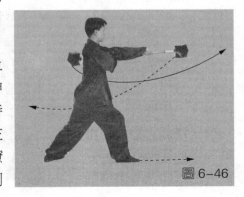

圖6-46

時，左手持錘，由前向下經體左側向後直臂撩錘，錘頂向左後下方。目視右錘。（圖6-47）

圖6-47

【用途及要點】敵持械攻我下盤，我用右錘左後撥掛敵械，左錘劈砸敵身。敵從前後夾攻我，我用右錘撩擊前方之敵，左錘反撩後敵之下盤。右錘後掛，左錘前劈與右腳撤步同時進行，右腳上步與前後撩錘要協調，兩錘在體左側交叉撩擊時，左錘稍外擺，使雙錘於運行間藏有空隙，莫使雙錘交叉運行時相碰撞。

圖6-48

第 四 段

27.左挎虎錘

兩腳碾地，使身體左後轉，右腳迅速向左腳併步，腳尖著地，雙腿屈膝。右手持錘，由前向下隨體轉經右腿外側向前、向左撥挎，右臂屈肘；同時，左錘向左後畫擺，錘頂向後。目視右錘。（圖6-48）

28. 右挎虎錘

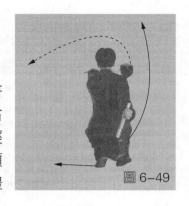

圖 6-49

右腳向右跨步，身體右轉，左腳向右腳併步，左腳掌著地，兩腿屈膝半蹲。同時，右手持錘，隨體轉向前、向右經右腿外側向後弧形擺掛，錘頂向下；左錘隨右錘擺挎至體前。目視左錘。（圖 6-49）

【用途及要點】敵持械攻我下盤，我用左（右）錘外掛敵械，右（左）錘擺掃敵下盤。左右晃挎擺掃錘要快速有力，雙錘擺掃要與挎步轉體擰腰協調一致。

29. 左轉環錘

（1）身體左轉，左腳向前上步。左錘隨體轉向上、向前直臂劈錘；右錘稍向後擺，繼續向上屈肘舉至頭右上方，錘頂向後。目視左錘。（圖 6-50）

圖 6-50

（2）右手持錘，由上、向前劈錘；同時，左錘向下經左腿外側向後撩錘。目視右錘。（圖6-51）

（3）右腳向前上步，右腿屈膝半蹲，左腿伸直，成右弓步。同時，右臂屈肘，右手擺於左腋下，使右錘由前向下經體左側向後撩提；左錘由左後向上、向前直臂劈錘，兩臂於體左側交叉。目視左錘。（圖6-52）

【用途及要點】敵持械攻我中盤，我用左錘劈砸敵械，右錘劈敵身。敵退卻，我用右錘左後壓畫敵械，左錘

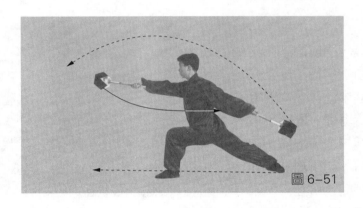

圖6-51

圖6-52

劈敵上盤。上步要
快，雙錘劈砸撩掛
要快速有力。雙錘
於體側立圓繞轉要
圓、要活、要快，
立圓繞行時雙錘貼
近身體。

30.右轉環錘

（1）左手持
錘，由前向下、向
右、向後、向上立
圓半周後，向前直
臂劈錘。同時，右
錘由左後向前、向
右、向下經右腿外
側向後帶錘，錘頂
向右後下方，右臂

直伸。目視左錘。（圖6-53）

（2）左腳向前上一步，左腿屈膝半蹲，右腿伸直，成
左弓步。右手持錘，由後向上、向前劈錘；同時，左手臂
外旋，屈肘擺於右腋處，使左錘由前向下經體右側向後撩
提。目視右錘。（圖6-54）

【用途及要點】同動作29。

31.雙鶴抿翅

（1）重心前移，右腳前跟半步落於左腳後，兩腿屈膝。左手將左錘帶至左腹前，雙手持錘，以腕為軸，使雙錘同時向下分

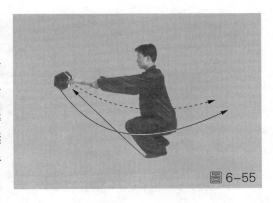

圖6-55

別經體側向後、向上、向前立繞一周。目視雙錘。（圖6-55）

（2）右腿直立，左腿向前上快速彈踢。同時，雙手持錘，使雙錘向下分別經體側向後撩錘，雙錘頂均向後下。目視前方。（圖6-56）

【用途及要點】敵持械攻我中盤，我用雙錘下震敵械後，快速劈砸敵上盤。敵從前後夾攻我，我用雙錘後撩敵下盤，右腳踢彈前來之敵。雙錘立繞前劈與右跟步同時進行，右腳向前彈踢與雙錘後撩要協調一致。

圖6-56

圖6-57　　　　　　　　　圖6-58

32.霸王舉鼎

左腳向體前落地，左腿屈膝半蹲，成左弓步。同時，雙手持錘，由身後向下分別經體側向前、向上舉架，雙臂伸直，錘頂均向前上。目視雙錘。（圖6-57）

【用途及要點】雙錘同時貫擊前敵之雙耳根部位。右腿向後落步要快要穩，雙錘向前上貫擊要快速有力，左弓步與雙貫錘要同時完成。

33.元霸斷絲

身體右轉，左腳向右腳內側落步，前腳掌著地，雙腿屈膝下蹲。同時，右手持錘，向下經體前向右帶錘，錘頂向下，右臂屈肘；左錘隨之向後、向上、向前、向下於身體左側立圓一周後，向下扎錘至左膝外，錘頂向下，屈肘。目視左錘。（圖6-58）

【用途及要點】右錘畫帶身前敵之來械，左錘扎擊敵

檔、腹部位。右帶錘、左繞環扎錘與左丁步要協調一致。

34.霸王別姬

（1）身體左轉上起，左腳向前上半步，左膝微屈。同時，左手持錘，由左下向上、向前繞弧形直臂劈錘；右手持錘，向右後直劈平舉。目視左錘。（圖6-59）

（2）右腳向前上一步，腳尖左扣，右腿屈膝。同時，右錘由後向上、向前劈錘；左手持錘，使左錘由前向下經左腿外側向後掛錘，錘頂向左後下方。目視右錘。（圖6-60）

圖6-59

圖6-60

圖 6-61　　　　　　　　圖 6-62

（3）右腳碾地，身體左轉 180°，左腿隨轉體屈膝上提，腳面繃平，腳尖向下，成右獨立步。右手持錘，向下隨體轉經體右側向右平擁錘，右臂伸直，高與肩平；同時，左手持錘，同上、向左屈肘上舉，使左錘橫架於頭頂上方，錘頂向右。目視右錘。（圖 6-61）

【用途及要點】雙錘劈砸前方之敵。敵從身後持械攻我上盤，我速轉體，用左錘上架敵械，右錘擁撞敵中盤。上步要輕快靈捷，轉體要疾，雙劈錘要快速有力，右獨立步與右擁錘、左架錘要同時完成。

35.銀花落地

（1）右腳蹬地跳起，身體左後轉。同時，右手持錘，屈肘舉至頭頂上方，錘頂向左後；左手持錘，直臂左擺。目視前方。（圖 6-62）

（2）左腳和右腳依次落地，左腿屈膝全蹲，右腿鋪

平，成右仆步，身體
隨之左轉。同時，右
手持錘，由上向前、
向下直臂劈錘；左手
持錘，屈肘帶至左腰
側，錘頂向下。目視
右錘。（圖6-63）

圖6-63

【用途及要點】

敵持雙械攻我，一械掃我下盤，我跳起躲過，另一械
攻我中盤，我用左錘外掛敵械，右錘砸敵頭肩部位。右腳
蹬地跳起不宜太高，但轉體仆步要快，仆步時稍前傾右
轉，右劈錘隨身體轉仆而動，右錘與右腿要平行。

36.蒙頭蓋頂

（1）身體上起。同時，右手持錘，使右錘由前向下、
向左、向後、向上繞至頭頂上方，右臂屈肘，錘頂向後；
左手持錘，直臂左後擺，高與肩平。目視前方。（圖6-
64）

（2）右腿屈膝
半蹲，左腿伸直，成
右弓步。右手持錘，
由上向右、向前直臂
劈錘後，使錘繼續向
下、向後繞至右胯
旁，右臂屈肘；同
時，左錘由左後向

圖6-64

上、向前直臂劈錘。
目視左錘。（圖 6-
65）

圖 6-65

【用途及要點】

敵持械攻我中、
下盤，我用右錘向左
後掛撥敵械後，快速
劈敵上盤，敵退逃，
我用左錘追劈之。身
體上起與右錘繞架、左錘後擺要同時進行，右弓步與雙錘
劈掛要同時完成。

37. 神童穿錘

右腳尖左扣，上體左轉，左腳向右腳併步站立。右手
持錘，上提至右腰側，隨體轉向右直臂平穿錘，手心向
上；左手持錘，屈肘於胸前，手心向下，使左錘平置於胸
前。目視右方。（圖 6-66）

【用途及要點】左錘
隨體轉向左畫帶敵械，右
錘同時穿擊敵中盤。轉體
前右腳尖左扣，左腳隨體
轉向右腳併步。左腳併步
要快，落地要輕穩，雙腿
挺膝，上體立身中正，挺
胸塌腰。左錘左抽、右錘
右穿與併步要同時完成。

圖 6-66

第 五 段

38.陰陽撩錘（右）

（1）身體左轉，左腳向前上步，左腿微屈。同時，左手持錘，向下隨體轉向前、向上直臂撩錘；右手持錘，直臂擺於右後下方。目視左錘。（圖6-67）

（2）右腳向前上一步，屈膝半蹲，左腿伸直，成右弓步。右手持錘，由身後向下經右腿外側向前、向上直臂撩錘；同時，左錘由前上繼續向右、向後畫弧至右肩外，左臂在上。目視右錘。（圖6-68）

【用途及要點】

左錘和右錘依次撩擊前方之敵。左腳和右腳上步要快，雙錘撩擊要貼身而過，鬆肩活肘，圓活快捷。右錘上撩時，上體稍左轉前伸，錘盡量放遠。

圖6-67

圖6-68

39.陰陽撩錘（左）

（1）兩手持錘，由前向上、向左後下方畫弧，左臂伸直，右臂屈肘於胸前。目視右錘。（圖6-69）

（2）左腳向前上一步，左腿屈膝半蹲，右腿伸直，成左弓步。同時，雙手持錘，使右錘和左錘依次經體左側向前、向上撩錘，當右錘撩至右前上方時，繼續經上向右後畫弧，左錘舉至頭前上方，上體隨之稍右轉。目視前方。（圖6-70）

圖6-69

圖6-70

【用途及要點】同動作 38。

40.撩陰錘

（1）右腳向前上一步，腳尖左扣。同時，右手持錘，由後下降至右胯後，肘微屈；左錘由前上向左、向下降至右胯旁。目視前方。（圖 6-71）

（2）身體左轉，兩腿屈膝半蹲，成馬步。兩錘同時向下隨體轉分別向體兩側撩出，雙手直臂側伸。目視右錘。（圖 6-72）

【用途及要點】敵持械於前後攻我，我速轉體，用雙

圖 6-71

圖 6-72

錘分別撩擊雙敵之下盤。雙錘下藏與右腳上步同時進行，雙錘向體側甩撩時要快速有力。轉體成馬步、雙錘側撩要同時完成，轉體甩撩錘要用腰發力，帶動下肢擰轉及雙臂雙械。雙撩錘要借上體旋轉力與腰力合為整力，使雙錘快速滾蕩撩出。

41.左搓掛錘

（1）身體右轉，右腿屈膝半蹲，左腿伸直，成右弓步。右手持錘，使錘由前向左下擺動；同時，左錘由左後前擺至左腹前。目視右錘。（圖 6-73）

（2）右腿屈膝站立，左腳離地，腳尖外擺，用左腳跟向前滑搓地面。同時，雙手持錘，使左錘和右錘依次向左後掛掃，左臂伸直，右臂屈肘於胸前。目視左腳。（圖 6-74）

【用途及要點】雙錘同時夾擠前方之敵，掛左側之敵，掃身後之敵，同時左腳搓擊敵腳面及小腿部位。左腳前搓時要快速有力，力在腳跟。雙錘左右掃掛時要沉肩活

圖 6-73

圖 6-74

肘，放大幅度，使雙錘輕、穩、快、捷向左掃掛。

42.右搓掛錘

（1）左腳體前落步，左腿屈膝。同時，雙手持錘，使雙錘由左後向體前平擺。目視右錘。（圖6-75）

（2）重心前移，左腿屈膝站立，右腳快速向前搓擊。同時，雙手持錘，使雙錘由前向下經體右側向後掛掃，右臂伸直，左臂屈肘於胸前。目視右錘。（圖6-76）

【用途及要點】同動作41。

圖6-75

圖6-76

43.右分身錘

（1）右腳體前落步，膝微屈。左手持錘，向前、向左擺至左腹前，錘頂向前下，肘微屈；同時，右手持錘，屈肘繞至左胯前。目視右錘。（圖6-77）

（2）兩腳碾地，使身體左轉180°，左腿屈膝，右腿伸直，成左弓步。右手持錘，隨體轉經身體右側向前、向上直臂撩錘；在右錘向前上撩擊的同時，左錘向下經體左側向後撩擊，錘頂向左後下方。目視右錘。（圖6-78）

【用途及要點】

雙錘同時撩擊前後之來敵。雙腳同時碾地，使身體迅速左後轉體而自然成左弓步。雙錘隨體轉分別經體側前後撩錘。雙錘於體側前後撩擊時，要貼近身體，但切勿碰身。前後撩錘與左弓步要同時完成。

圖6-77

圖6-78

44.左分身錘

重心後移右腿，左腿向後退一步，挺膝伸直，右腿屈膝半蹲。兩手持錘，使雙錘同時分別經體側前後撩錘，左手直臂左前上伸，左錘頂向左前上方，右手右後直臂反舉，右錘頂向右後下方。目視左錘。（圖6-79）

圖6-79

45.勒馬栽錘

（1）以右腳跟、左腳掌碾地，使身體左轉180°，左腿屈膝，右腿伸直。同時，雙手隨體轉，使左錘和右錘依次經上向前劈錘。目視雙錘。（圖6-80）

圖6-80

（2）右腳向前上一步，腳尖左扣。雙手持錘，使左錘和右錘依次向左後平掃，左臂伸直，右臂屈肘。目視左錘。（圖6-81）

圖6-81

（3）身體左轉，右
腿直立，左腿屈膝提起，
腳面繃平，腳尖向下，成
右獨立步。同時，右手持
錘，由左經上向右、向下
直臂栽錘；左手持錘，隨
之向上、向右橫架於頭頂
上方，錘頂向右。目視右
錘。（圖6-82）

圖6-82

【用途及要點】轉體
用雙錘劈砸身後之敵。左
錘上架敵械，右錘劈栽敵之中下盤。轉體要快，雙錘前劈
要迅猛，轉體劈錘幅度宜大、要圓。雙錘向左平掃與左轉
體要同時進行，右獨立步與右栽錘、左架錘要協調一致。

第 六 段

46.三步行錘

（1）身體左轉，
左腳尖向體前落地。左
手持錘，隨體轉由上向
前直臂劈錘；右手持
錘，屈肘舉至頭右上
方，錘頂向後上。目視
左錘。（圖6-83）

圖6-83

（2）左腳尖稍前移，兩腿屈膝，成左虛點步。右手持錘，由右後經上向前直臂劈錘。同時，左錘向下經體左側向後直臂撩錘。目視右錘。（圖6-84）

圖6-84

（3）右腳碾地，並提起向前上步，兩腿屈膝。同時，右手持錘，由前向下經體左側向後、向上、向前直臂劈錘。左手持錘，屈肘舉至頭左側，使左錘由左後向上繞行，錘頂向左後上方。目視右錘。（圖6-85）

圖6-85

（4）兩腿屈膝，成右虛步。左錘由上向前劈砸；同時，右錘由前向下經右腿外側向後直臂撩錘。目視左錘。（圖6-86）

圖6-86

（5）左腳碾地，並提起向前上步，兩腿屈膝，左腳尖著地。同時，右手持錘，使右錘由右後向上、向前劈點；左錘由前向下經左腿外側向後撩錘，錘頂向左後下方。目視右錘。（圖6-87）

圖6-87

【用途及要點】劈砸左前、右前之敵，攔掛左、右敵之來械，撩擊左後、右後敵之下盤。行步時，兩腿屈膝，平穩重心向前邁步，步幅均勻，不騰空，不同於弧形步。雙手持錘，隨雙腳前行而左、右、前、後劈砸掛撩，全動作要連貫協調，一氣呵成。

47.霸王扶犁（左）

重心後移，右腿挺膝站立，左腿屈膝提起，上體稍右轉。左手持錘，使左錘由左後向下經左腿外側向前、向上屈肘上崩，錘頂向上；右手持錘，由前向下經右腿外側直臂後下撩擊，錘頂向右後下方。目視左錘。（圖6-88）

圖6-88

48.霸王扶犁（右）

左腳向左落步，左腿挺膝站立，右腿屈膝提起，腳面繃平。同時，右手持錘，由右後向下經右腿外側向前，屈肘向上崩挑，錘頂向上；左錘由體前向下經左腿外側向後截錘，錘頂向左後下方。目視右錘。（圖6-89）

圖6-89

【用途及要點】敵持械掃擊我下盤，我左（右）跨閃，同時，前錘先撩敵下盤，後崩挑敵上盤，後錘截擊身後之敵。左腿提膝成右獨立步時，上體稍右轉；右腿屈膝上提成左獨立步時，上體稍左轉。前錘崩挑、後錘截掛與獨立步要同時完成。

圖6-90

49.五花錘

（1）右腳前擺，左腳蹬地跳起。雙手持錘，使雙錘同時舉至右前上方，錘頂均向前上。目視雙錘。（圖6-90）

（2）右腳落地，身體左轉180°，左腿屈膝後擺。同時，雙手持錘，使雙錘隨體轉向前、向下劈落，右錘略高於左錘，雙錘頂均向前。目視雙錘。（圖6-91）

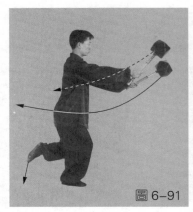

圖 6-91　　　　　　　　圖 6-92

（3）左腳於身後插步伸直，右腿屈膝半蹲，腳尖外展。同時，雙手持錘，由前同時向下經右腿外側向後撩錘，左臂屈肘於胸前，右臂伸直。目視右錘。（圖6-92）

【用途及要點】雙錘劈砸前方之敵，順勢撩擊身後之敵。前跳步不宜太高太遠，此為小跳步。轉體要快，轉體與雙錘前劈同時進行。左插步與雙錘後撩要協調一致。

50.錘砸轅門

兩腳碾地，使身體左轉180°，左腿屈膝半蹲，右腿伸直，成左弓步。左手持錘，隨體轉使左錘經上向前劈錘後，屈肘帶至左腰側，錘頂向前；同時，右錘經上向前劈落。目視右錘。（圖6-93）

圖 6-93

圖 6-94

【用途及要點】身體快速翻轉，劈砸身後之敵。兩腳用力碾地，使身體快速向左後翻轉成左弓步。兩腳托身要穩固，雙劈錘要快速有力。左弓步與雙劈錘要同時完成。

51.鳳凰落地

（1）右腳向前上步，右腿屈膝。同時，兩手持錘，使雙錘向前、向上屈肘舉架於頭前上方，雙錘上端靠攏，雙錘頂均斜向前上。目視雙錘。（圖 6-94）

（2）身體左轉，左腳向右腳後插步，兩腿交叉屈膝下蹲，成歇步。同時，兩手持錘，使雙錘分別向體側平劈，雙錘與肩同高，錘頂向外。目視右錘。（圖 6-95）

圖 6-95

【用途及要點】雙錘貫擊敵雙耳根部，並上架敵之來械。兩錘側分，劈砸左右之敵。雙錘向上擠架時要快速有力，雙腿下蹲要穩固，兩腿要夾緊。

52.墨燕落巢

（1）身體上起左轉，右腳向前上半步，右腿屈膝成右弓步。右手持錘，隨體轉使右錘向左經體側平掃至體前；同時，左手持錘，屈肘後收於左腰側，錘頂向前。目視右錘。（圖6-96）

（2）左手持錘，向下、向後直臂撩帶，錘頂向左後下方；同時，右錘由前向下經身體左側向後、向上屈肘畫弧至左上方，錘頂向左後上方。目視前方。（圖6-97）

圖6-96

（3）右錘由上向前劈錘後，向下經右腿外側向後撩掛，錘頂向右後下方；同時，左錘由左後向上、向前直臂劈錘。目視左錘。（圖6-98）

圖6-97

圖 6-98

（4）右錘由右後繼續向上弧形繞舉至頭右上方，錘頂向後；同時，左手持錘，由前向下繞至左胯前，錘頂向前下。目視前方。（圖6-99）

圖 6-99

（5）上體右轉，左腿屈膝全蹲，右腿鋪平伸直，成右仆步。同時，右手持錘，由上向右劈錘；左手持錘，屈肘繼續左帶，使左錘豎立於左胯旁，錘頂向下。目視右錘。（圖6-100）

【用途及要點】雙

圖 6-100

錘左右撥掛敵械，依次劈砸前方、撩擊後方之敵。雙錘劈撩掛掛砸要連續不斷，錘於體側立圓繞行時要晃腰擺背，鬆肩活肘，使雙錘靈活、圓擺、貼身、快速繞轉。

圖6-101

53.避風錘

身體上起，右腳向左腳內側跨步，腳尖著地，成右丁步。右手持錘，由右向左弧形掃掛，右臂屈肘於胸前；左手持錘，隨之繼續向左後撩錘，雙錘頂均向左後下方。目視左錘。（圖6-101）

【用途及要點】右錘左掛左方敵之來械，雙錘反掃身後之敵。左錘左掛與右腳左跨要同時進行，右丁步與雙錘左後掃掛要協調一致。

54.猛虎挎攔

（1）右腳向右後提跨，震腳落地，左腿隨即屈膝提起，上體隨之右轉。右手持錘，使右錘由體左側向前、向上、向右挎錘後，向下經體右側向後弧形撩錘，錘頂向右後下方；

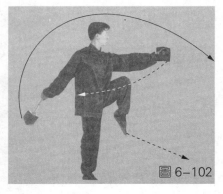

圖6-102

下方；左錘由左後斜向前上、向右屈肘橫挎掛攔，錘頂向右。目視前方。（圖6-102）

圖 6-103

（2）左腳體前落步，左腿屈膝半蹲，右腿伸直，成左弓步。同時，右錘由後向上、向前直臂劈錘；左錘向下經體前繞至右腋後。目視右錘。（圖 6-103）

【用途及要點】敵持雙械攻我上盤，我雙錘向外挎砸後，右錘快速劈砸敵上盤。左錘下藏後撩、右錘前劈與左弓步要同時完成。

55.羅漢舉燈

圖 6-104

（1）身體右轉，右腿屈膝半蹲，左腿自然伸直，成右弓步。右手持錘，隨體轉使右錘經前上向右劈錘後、屈肘向下、向後帶錘至右胯旁，錘頂向前；左錘向下、向左、向上、向右於體前立圓一周至右肩前上方。目視左錘。（圖 6-104）

圖 6-105

圖 6-106

（2）右腳尖左扣，上體稍左轉，左腳向右腳併步。同時，右手持錘，隨體轉向右上直臂撐錘，錘頂向上；左錘稍下降貼附於右臂前，錘頂向上。頭向左擺。目平視左方。（圖 6-105）

收　勢

兩手持錘，兩臂自然垂於體側，錘頂均向前。目視正前方。（圖 6-106）

第七章

迷蹤拳雙斧

　　迷蹤拳雙斧分為旋風、宣化和金雀三套。本套為旋風雙斧。旋風雙斧的特點是大小勢參半，風格獨特，靈活多變，剛猛暴烈，強攻硬拼，快速凌厲，凶狠毒辣，攻多防少，不尚花架。意在傷敵於瞬間，大有拼命三郎之氣概。

　　主要技法有劈、剁、砍、砸、擺、挑、切、掃、貫、鈎、畫、推、摘、掏、擁、削等等。

動作名稱

預備勢

第一段

1. 野雞上架
2. 沉香劈山(右)
3. 沉香劈山(左)
4. 羅漢舉鼎
5. 力劈華山
6. 迎面敲鐘
7. 蒼龍臥江
8. 猛虎挎攔

第二段

9. 霸王摘盔(左)
10. 霸王摘盔(右)
11. 力戰八方
12. 牛郎挑擔
13. 鴻雁斜飛
14. 力開天門

15. 走馬劈印

第三段

16. 霸王拜山
17. 黑虎爬山
18. 緊避三關
19. 班門弄斧(左)
20. 班門弄斧(右)
21. 甩打金錢
22. 流星趕月(左)
23. 流星趕月(右)

第四段

24. 斧斷巫山
25. 隱身斬將
26. 單斧掛耳(左)
27. 單斧掛耳(右)
28. 鋼頂撩陰
29. 天王抱印

30. 走馬上任
31. 雙龍搶珠
32. 犀牛望月
33. 雙龍投江

第五段

34. 霸王扶犁
35. 文王推撐
36. 玉童挑燈(左)
37. 玉童挑燈(右)
38. 勇士按虎
39. 小鬼推磨
40. 擒龍伏虎
41. 莽僧敲鐘

第六段

42. 烏龍藏首
43. 羅漢撣塵
44. 三星落地

動作圖解

預備勢

兩腳併步站立，雙臂自然下垂。兩手握斧柄，貼於兩大腿外側，手心向內，虎口朝前，使雙斧擺於體側，斧刃向下。目視前方。（圖 7–1）

第 一 段

1.野雞上架

（1）兩臂屈肘前上舉，手高與肩平，使雙斧由體側向前、向上弧形繞舉至體前上方直立，斧頭向上，斧刃朝前。目視左斧。（圖 7–2）

圖 7–1

圖 7–2

圖 7-3

圖 7-4

（２）左腳前上半步，腳尖點地，右腿稍屈。同時，兩手握斧，使雙斧由前上向下分別經體側向後弧形繞行。目斜視左下方。（圖 7-3）

（３）右腳向左腳併步。兩手握斧，由後向上、向前弧形劈斧，兩肘微屈，斧刃向下。目視雙斧。（圖 7-4）

【用途及要點】雙斧撩擊身後之敵，劈砍前方之敵。雙斧於體側立圓繞行時要快、要圓，要貼近身體，切勿觸身。

2.沉香劈山（右）

（１）雙手握斧，使雙斧由前向下、向左弧形撩擊，雙手與肩同高，左臂伸直，右臂屈肘於胸前，斧刃朝下。目視左斧。（圖 7-5）

（２）右腳向右跨步，身體隨之右轉，右腿屈膝半蹲，左腿伸直，成右弓步。同時，右手握斧，隨體轉由左經上、向前畫弧劈斧；左斧上舉至左後上方。目視右斧。

圖 7-5　　　　圖 7-6

（圖 7-6）

（3）右手握斧，屈
肘回收至右腰側，使右斧
由前向下、向後畫弧，斧
刃向下；同時，左斧由後
向上、向前劈斧。目視左
斧。（圖 7-7）

【用途及要點】右斧
外撥敵械，左斧劈敵上
盤。跨步、轉體、右斧劈

圖 7-7

帶、左斧前劈要協調，雙斧前劈要快速有力，力在斧刃。

3.沉香劈山（左）

（1）兩腳碾地，使身體左後轉，左腿屈膝半蹲，右腿
伸直，成左弓步。左手握斧，隨體轉由前經上向前直臂弧
形劈斧；右斧隨之舉至右後上方。目視左斧。（圖 7-8）

圖7-8

（2）右腳向左腳併步，腳尖著地，兩腿屈膝下蹲，成低蹲步。同時，左手握斧，由前斜向左下、向後弧形繞掃，斧刃斜向右下；右斧由後向上、向前畫弧劈斧。目視右斧。（圖7-9）

【用途及要點】左斧劈前敵，斜掃左後之敵，右斧劈砍前敵上盤，右腳上步，雙腿下蹲與左斧劈掃、右斧前劈要協調。

4.羅漢舉鼎

（1）身體上起。左手握斧，由後向下經體側向前提擺；同時，右斧由體前平舉，斧刃向下。目視雙斧。（圖7-10）

圖7-9

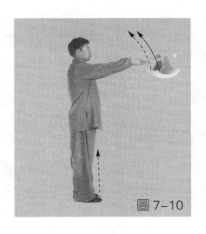
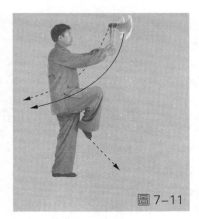

圖 7-10　　　　　　　　圖 7-11

（2）左腿直立支撐，右腿屈膝提起，腳面繃平，腳尖向下。同時，兩手握斧。前上舉，虎口朝上，使雙斧由前向上畫弧立於頭前上方，斧刃朝前。目視前方。（圖 7-11）

【用途及要點】雙斧同時向前崩挑敵之臂械，右膝頂撞敵襠、腹部位。左腿支撐要穩固，上體保持中正，雙斧向上崩挑時雙腕向上提抖。提膝、雙斧向上崩挑要同時完成。

5.力劈華山

（1）右腿向體前落步，屈膝。雙手握斧。由上向前、向下分別經體側向後立圓繞行。目視左後下方。（圖 7-12）

（2）左腳前擺，右腳蹬地跳起。雙手握斧，由後繼續向上畫弧。目視前方。（圖 7-13）

圖7-12

圖7-13

（3）左腳先落地，右腳向左腳內側落步，雙腿屈膝下蹲。同時，雙手握斧，由上向前、向下劈落，兩肘微屈，雙斧刃向下。目視雙斧。（圖7-14）

【用途及要點】雙斧同時劈前敵、撩後敵，敵退，我跳起用雙斧追劈之。敵掃我下盤，我跳起躲過。身體跳起要

圖7-14

高、要遠，雙斧立圓繞行要圓、要快，前下劈斧要快速有力，氣勢剛猛，雙腳落地下蹲與雙斧前劈要協調。

6.迎面敲鐘

（1）身體上起，右腳順勢前擺，左腳蹬地跳起。同時，兩手握斧，使雙斧由前下向上屈肘舉至頭前上方，斧

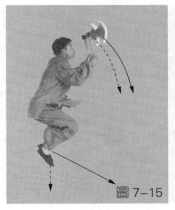

頭朝後，斧刃向前。目視前方。（圖7-15）

（2）右腳落地，左腳經右腳內側向前上步，左腿屈膝半蹲，右腿伸直，成左弓步。同時，雙斧由上向前弧形劈落，兩肘微屈。目視雙斧。（圖7-16）

【用途及要點】敵持械攻我中、下盤，我用雙斧上挑敵械，並順勢劈敵上盤。身體跳起與雙斧向下崩挑要同時進行，雙腳落地與雙斧前劈要同時完成。

7.蒼龍臥江

（1）兩腳碾地，使身體右後轉，左腿屈膝，右腳向後移半步，腳尖著地，成右虛步。兩手握斧，隨體轉，使雙斧向右經頭上雲繞至左前上方。目視右斧。（圖7-17）

圖 7-18

圖 7-19

（2）右腳向後偷步，上體隨之右轉，左腿屈膝全蹲，右腿平鋪伸直，成右仆步。雙手握斧。隨體轉使雙斧由左上斜向右下掃斧，右臂伸直，右斧刃向後，左臂屈肘於胸前，斧刃向前。目視右斧。（圖 7-18）

【用途及要點】雙斧於頭上雲繞為撥、攔、畫、帶敵械。雙斧雲抹左前方敵之上盤，斜砍前敵中盤，掃擊右敵之下盤。雲斧要平、要圓，雙斧斜掃要快速有力。仆步掃斧時，上體稍右轉前傾。

8.猛虎挎攔

（1）身體上起左轉，兩腿自然成左弓步。同時，兩手握斧，隨體轉使雙斧向左、向前平掃。目視雙斧。（圖 7-19）

（2）上體右轉，右腿直立支撐，左腿屈膝提起，腳尖朝下，成右獨立步。在左腳向上提起的同時，雙斧由前向右平掃，右臂伸直，左臂屈肘。目視右斧。（圖 7-20）

圖 7-20

圖 7-21

【用途及要點】雙斧同時掃擊前、右方之敵。身體上起、左轉、雙斧前掃同時進行，轉體、提膝、雙斧右掃要協調一致。

圖 7-22

第 二 段

9.霸王摘盔（左）

（1）左腳向左落步，身體左轉，左腿屈膝半蹲，右腿伸直，成左弓步。同時，左手握斧，經前掃至體側；右斧隨體轉掃至體前。目視右斧。（圖 7-21）

（2）右腿屈膝前擺，右腳面貼扣於左膝後側，左腿屈膝。同時，左手握斧，向前弧形下擺；右手握斧，由前向左掃至左肩外，右臂外旋，使右斧刃向外。目視右斧。（圖 7-22）

（3）右腳向前落步，右腿屈膝半蹲，左腿伸直，成右弓步。同時，右斧由左向前直臂鑾斧，左斧向左、向後反掃。目視右斧。（圖7-23）

圖7-23

【用途及要點】左斧掃前方之敵，反撩身後之敵，敵退，我用右斧追劈之。敵持械攻我中、上盤，我用右斧左掛敵械，並順敵械杆反削敵手、臂及上盤部位。右腳扣步與左斧回收、右斧左掃要同時進行，右腳上步與左斧後掃、右斧前鑾要協調一致。

10.霸王摘盔（右）

（1）兩腳不動。右斧由前向右平掃；左斧向左、向前弧形掃擊。目視左斧。（圖7-24）

圖7-24

圖7-25

（2）左腿屈膝提起，左腳面貼扣於右膝後側，右腿屈膝。同時，右手屈肘於右腰側，使右斧由右向左、向下、向右弧形擺動；左斧由前掃至右肩外，左手握斧，臂外旋，使左斧刃朝外。目視左斧。（圖7-25）

（3）左腳向前落步，左腿屈膝半蹲，右腿伸直，成左弓步。同時，左斧向前平掃，右斧由右腰側向後反掃。目視左斧。（圖7-26）

【用途及要點】同動作9。

11. 力戰八方

（1）右腳向前上步，右腿屈膝半蹲，左腿伸直，成右弓步。同時，左斧由前向左、向後直臂反掃；右斧由後經右向前直臂平掃。目視右斧。（圖7-27）

圖7-26

（2）兩腳碾地，使身體左後轉，左腿屈膝成左弓步。同時，左手握斧，繼續向左、向後平掃；右手握斧，隨體轉向左平

圖7-27

掃至體前。目視右斧。
（圖7-28）

圖7-28

【用途及要點】雙斧隨體轉掃擊四方之敵。右腳上步與雙斧前後掃擊同時進行，轉體、雙斧繼續前後掃要協調，雙斧隨體掃轉時要以腰發力帶動臂械，轉體要快，要穩，掃斧要平、要圓、快速有力。

12.牛郎挑擔

左腳後移半步，腳掌著地，兩腿屈膝，重心下沉成左虛步。同時，左手握斧，由後向下經身體左側向前上撩斧，斧頂朝上；右手握

圖7-29

斧，由前向下經身體右側向後反撩，斧刃朝後。目視左斧。
（圖7-29）

【用途及要點】敵從前後攻我，我用左斧頂撩擊前敵之上盤，右斧撩擊後敵之下盤。雙斧前後撩擊時盡量放大幅度，兩臂用力前後擺甩，使雙斧快速前後撩擊，左腳後移，重心下沉與雙斧前後撩擊要同時完成。

13. 鴻雁斜飛

右腿屈膝支撐，左
腿屈膝後擺，腳掌朝
上，上體前俯。在左腳
後擺的同時，左手握
斧，由前向下經身體左
側向後反撩；右斧由後
向下經身體右側向前上
撩擊，兩臂伸直，右斧
頂朝上。目視右斧。（圖 7-30）

圖 7-30

【用途及要點】左腳、左斧撩擊身後之敵，右斧撩擊
前方之敵。左腿屈膝後擺、身體前俯與雙斧前後撩擊要同
時完成。

14. 力開天門

左腳於身後落地伸
直，右腿屈膝成右弓
步。在左腳向後落地的
同時，左斧由後向下經
體側向前上撩擊；右斧
由前向下經體側向後反
撩。目視左斧。（圖
7-31）

【用途及要點】同
動作 12。

圖 7-31

15.走馬劈印

（1）兩腳碾地，使身體左後轉，左腿屈膝，右腿自然伸直，成左弓步。左手握斧，隨體轉經上向前弧形劈斧；右手握斧，向左、向上舉至右後上方。目視左斧。（圖7-32）

（2）右腳向前上一步，右腿屈膝成右弓步。同時，右手握斧，由後上向前直臂劈斧；左手握斧，屈肘回收於左腰側。目視右斧。（圖7-33）

圖7-32

【用途及要點】

雙斧依次劈砍前方之敵。敵持械從前方攻我中、下盤，我用左斧外掛敵械，右斧劈敵上盤。轉體、左斧前劈、右斧右後上舉要同時進行，右腳上步與左斧下挎、右斧前劈要協調一致。

圖7-33

第 三 段

16.霸王拜山

身體左轉，左腿屈膝，右腿跪離地面。同時，左手握斧，隨體轉向左後平掃；右手握斧，向左平掃至體前。目視右斧。（圖7-34）

【用途及要點】敵持械從身後攻我下盤，我速用左斧向左鉤掛敵械，右斧掃擊敵下盤。雙斧同時掃擊四方敵之下盤。雙斧左掃要快速有力，力在斧刃。雙斧左掃、轉體、右膝跪離地面要同時完成。

圖7-34

17.黑虎爬山

（1）身體上起右轉，右腿屈膝半蹲，左腿伸直，成右弓步。右手握斧，隨體轉經上向前弧形劈斧；左斧向左、向上舉至左後上方。目視右斧。（圖7-35）

（2）右手握斧，屈肘回收於右腰側；左手握

圖7-35

斧,由左後上方向前直臂劈斧。目視左斧。（圖7-36）

圖7-36

【用途及要點】雙斧依次劈砍身後之敵。敵持械攻我中、下盤,我用右斧外鈎敵械,左斧劈敵上盤。轉體要快、雙斧前劈要狠、要猛。

18.緊避三關

上體稍左轉,右腿直立支撐,左腿屈膝提起,腳尖朝下。同時,右手握斧,使右斧由右腰側向右前上方直臂撐舉;左斧經前向左斜削,斧刃斜向左下。目視左方。（圖7-37）

【用途及要點】敵從左、右兩方攻我,我用右斧撐擁右敵之上盤,左斧斜削左敵之中下盤。左斧左下劈削要快速有力,左斧劈削、右斧右上撐舉與右獨立步要同時完成。

19.班門弄斧（左）

（1）左腳左擺,上體隨之向左擰轉。同時,左手

圖7-37

圖 7-38

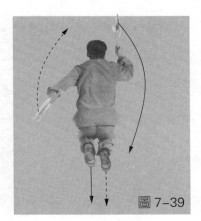

圖 7-39

握斧，屈肘左上舉，使左斧由左下向前、向上直立於左前上方，虎口朝上，斧刃向前；右手握斧，由前向下經身體右側向後畫弧。目視左前方。（圖7-38）

（2）右腳蹬地跳起，懸空中身體左轉。同時，左手握斧，隨體轉由上向前、向下經身體左側向後畫弧；右手握斧，由後向上弧形舉至頭右上方。目視前方。（圖7-39）

（3）左腳先落地，右腳向左腳內側落步，腳掌著地，兩腿屈膝下蹲。同時，右手握斧，由上向前、向下斜劈至右腿外側，斧刃斜向後下；左手握斧，由左後向上弧形擺舉於頭左上方，斧刃朝前上，左臂屈肘，右臂伸直。目視右斧。（圖7-40）

圖 7-40

【用途及要點】敵從前後

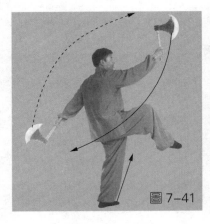

圖 7-41　　　　　　　　　　圖 7-42

攻我，我用左斧撩擊前方之敵，反劈身後之敵。敵從左右
攻我，我用左斧前掛左敵之來械，右斧劈削右敵之下盤。
身體跳起左轉與左斧左下撩、右斧上舉要同時進行，雙腳
落地與左斧上繞、右斧斜劈要同時完成。

20.班門弄斧（右）

（1）身體上起，右腳右擺，上體隨之右轉。右手握
斧，由右向後、向上繞至頭右上方；左手握斧，由上向
前、向下經身體左側向後畫弧。目視右前方。（圖 7-41）

（2）左腳蹬地跳起，懸空中身體右轉。右手握斧，由
上向前、向下經身體右側向後畫弧；左斧由後向上弧形繞
至頭左上方。目視前方。（圖 7-42）

（3）右腳先落地，左腳向右腳內側落步，腳掌著地，
兩腿屈膝下蹲。同時，左手握斧，由上向前斜向下劈至左
腿外側，斧刃向後下；右手握斧，由後向上弧形繞至頭右
上方。目視左斧。（圖 7-43）

圖 7-43

圖 7-44

【用途及要點】雙斧交替劈前敵撩後敵。右斧磕攔右方敵之來械，左斧斜劈左敵之下盤。跳起要高，轉體要快，雙斧立圓繞行要貼近身體，全部動作要連貫協調。

21.甩打金錢

（1）身體上起左轉，左腳向前上一步，左腿屈膝成左

圖 7-45

弓步。同時，右手握斧，隨體轉由上向前直臂劈斧；左手握斧，屈肘左前上舉，虎口朝上，使左斧直立於左前上方，斧刃朝前。目視右斧。（圖 7-44）

（2）右腳前擺，左腳蹬地跳地，懸空中上體稍右轉。同時，兩手握斧，使雙斧同時向右平抹，右臂伸直，左臂屈肘於胸前。目視右斧。（圖 7-45）

【用途及要點】敵持械從前方攻我，我用左斧向上托架敵械，右斧劈敵上盤。雙斧同時抹掃右後之敵。轉體、上步、左斧上挑、右斧前劈要同時進行，身體跳起、雙斧向右平抹要協調一致。

圖 7-46

22.流星趕月（左）

（1）右腳落地，左腳經右腳內側向前上步，左腿屈膝半蹲，成左弓步。同時，雙手握斧，使雙斧由右後經前向左後平抹，左臂伸直，右臂屈肘於胸前。目視左斧。（圖7-46）

【用途及要點】雙斧同時掃擊前、左、後之敵。轉體、上步、雙斧左掃要協調一致，雙斧左掃時上體稍左轉右傾。

23.流星趕月（右）

右腳向前上一步，右腿屈膝成右弓步。兩手握斧，使雙斧由左後經前向右後平抹，右臂伸直，左臂屈肘。目視右斧。（圖7-47）

【用途及要點】雙斧同時掃擊前、右、後之敵。上

圖 7-47

圖 7-48　　　　　　　　　　　　　　圖 7-49

步、轉體、雙斧向右平抹要同時完成。雙斧向右抹掃時，上體稍右轉左傾。

第 四 段

24.斧斷巫山

（1）兩腳碾地，使身體左後轉，右腿屈膝支撐，左腿屈膝離地稍後移。同時，左手握斧，隨體轉經上向前直臂弧形劈斧；右斧舉至右上方，斧刃朝前上。目視左斧。（圖 7-48）

（2）左腳向後插步，兩腿交叉微屈。同時，左手握斧，屈肘繞至右腋下，使左斧由前向右、向後平掃；右斧由後上向前直臂劈斧。目視右斧。（圖 7-49）

【用途及要點】雙斧依次劈砍前方之敵。敵持械攻我中、上盤，我用左斧外掛敵械，右斧劈砍敵上盤。雙斧前劈要快速有力，左腳插步與左斧外繞、右斧前劈要同時完成。

圖 7-50　　　　　　　圖 7-51

25.隱身斬將

兩腿屈膝下蹲，成歇步。同時，左手握斧，由後經右向前推掃；右手握斧，臂內旋使右斧刃向右、向後平掃。目視左斧。（圖 7-50）

【用途及要點】左斧掃切前方之敵，右斧反掃右後之敵。兩腿交叉下蹲時要快、要穩，左斧向前切掃、右斧右後平掃要同時用力，歇步、切斧、後掃斧要同時完成。

26.單斧掛耳（左）

身體上起，左腳向前上一步，左腿屈膝成左弓步。同時，左手握斧，由前向下經身體左側向後弧形撩斧，斧刃向後上；右手握斧，由後向下經身體右側向左前上方撩掛，斧頂向左上。目視右斧。（圖 7-51）

【用途及要點】敵分前後攻我，我用左斧反撩身後之敵，右斧斜貫前方之敵。雙斧前後撩擊要用力，左腳上步

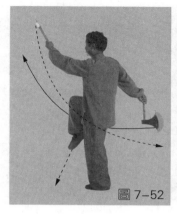

與左斧後撩、右斧左上斜貫要同時完成。

27.單斧掛耳（右）

左腿直立支撐，右腿屈膝提起，腳尖向下，成左獨立步。同時，右手握斧，由前向下經身體右側向後反撩；左斧由後向下經身體左側向前、向右上斜掛，力在斧頂。目視左斧。（圖7-52）

【用途及要點】左斧斜掃前敵耳根部位，右斧反撩後敵之中、下盤。雙斧前後撩擊要快速有力，以腰發力，帶動雙臂、械。左獨立步、左斧斜掛、右斧反撩要同時完成。

28.鋼頂撩陰

右腳向體前落地，腳尖內扣，上體隨之左轉，兩腿屈膝半蹲，成馬步。同時，左手握斧，隨體轉使左斧由前上向下，經前向左斜掃斧刃向後下；右手握斧，使右斧頂由後向下、向右畫弧。目視右斧。（圖7-53）

圖7-54　　　　　圖7-55

【用途及要點】左斧斜掃左方之敵，右斧撩擊右敵襠、腹部位。撩斧、掃斧要用力，左斧力在斧刃，右斧力在斧頂，上步、轉體、撩斧、掃斧同時完成。

29.天王抱印

（1）左腿直立支撐，右腿屈膝提起，腳尖朝下，成左獨立步。同時，右手握斧，由右向下經前向左弧形撩擊；左斧隨之稍上提。目視右斧。（圖7-54）

（2）身體右轉，左腳蹬地跳起。右手握斧，由左經上向前弧形劈斧；左斧舉至左後上方。目視右斧。（圖7-55）

（3）右腳落地，左腿屈膝，左腳面貼扣於右膝後側，右腿隨即屈膝。同時，右手握斧，由前向下經身體右側向後畫弧；左斧由後上向前弧形劈斧。目視左斧。（圖7-56）

（4）左腳向前上步，左腿屈膝半蹲，右腿伸直成左弓步。同時，左手握斧，屈肘擺至右腋下，使左斧由前向下

經身體右側向後畫弧；右手握斧，由後向上、向前弧形劈
斧。目視右斧。（圖7-57）

【用途及要點】敵從左前方攻我，我用右斧外掛敵械，
左斧劈敵上盤；敵從右前方攻我中、上盤，我用左斧外掛
敵械，右斧劈敵身。雙斧立圓繞行時要注意距離，雙臂力
要使勻，左腳上步、左斧後繞、右斧前劈要同時完成。

30.走馬上任

左腿屈膝支撐，右腳
跟向前搓蹬地面。同時，
兩手握斧，使雙斧由體側
分別向前後撩擊，兩臂伸
直。目視左斧。（圖7-
58）

圖7-56

【用途及要點】敵從
前後攻我，我用左斧頂撩
擊前敵之下頜，右斧撩擊

圖7-57

圖7-58

後敵之襠、腹部位。搓
腳時，右腿先屈膝稍
提，然後用腳跟向前下
搓擊地面，搓腳、雙斧
前後撩擊要同時完成，
搓腳要剛脆，雙斧撩擊
要剛猛。

圖 7-59

31.雙龍搶珠

（1）右腳於體前
落地，右腿屈膝半蹲，
左腿伸直，成右弓步。
同時，右手握斧，由後
向下經身體右側向前上
擺挑；左手握斧，隨之
向前撐擁。目視雙斧。
（圖 7-59）

圖 7-60

（2）兩腳碾地，
使身體左後轉，左腿屈膝成左弓步。兩手握斧，隨體轉使
雙斧經上向前弧形劈斧。目視雙斧。（圖 7-60）

【用途及要點】敵從身後攻我，我速轉體，用雙斧劈
敵上盤。身體擰轉要快，腳下要穩，轉體、雙斧同劈要協
調一致。

32.犀牛望月

（1）重心後移，左腳向後插步伸直，右腿屈膝半蹲，

圖7-61

圖7-62

腳尖外展，成左插步。同時，兩手握斧，由前向右後上方斜向拋砍，右臂伸直，左臂屈肘於胸前。目視右斧。（圖7-61）

【用途及要點】雙斧同時拋砍右後之敵。左腳後插、雙斧右後拋砍要協調。

33.雙龍投江

（1）身體左轉，兩膝微屈。同時，兩手握斧，隨體轉舉至頭頂上方。目視雙斧。（圖7-62）

（2）身體繼續左轉，左腿屈膝，右腿伸直，成左弓步。同時，雙手握斧，使雙斧由上向前劈斧。目視雙斧。（圖7-63）

圖7-63

【用途及要點】敵持
械攻我上盤，我用雙斧上
架敵械後，順勢向前劈砍
敵上盤。雙斧前劈要用
力，轉體成左弓步與雙斧
前劈要同時完成。

圖 7-64

第 五 段

34.霸王扶犁

（1）重心後移右
腿，左腳向後偷步，上體
隨之左後轉，左腿屈膝半
蹲，右腿伸直，成左弓
步。同時，左手握斧，隨
體轉使左斧經上向前直臂
弧形劈斧；右手握斧，直
臂舉至體後。目視左斧。

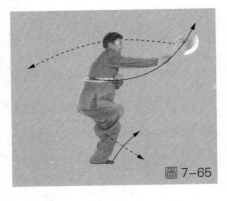

圖 7-65

（圖 7-64）

（2）右腿屈膝提起，右腳面貼扣於左膝後側，左腿隨
即屈膝。同時，左手握斧，屈肘擺於右腋下，使左斧由前
向右、向後平掃；右斧經上向前弧形劈斧。目視右斧。

（圖 7-65）

【用途及要點】雙斧依次劈砍前方之敵。敵持械從前
方攻我，我用左斧向右鈎掛敵械，右斧劈敵頭、肩部位。
右腿屈膝提起要迅速，右腳貼扣要緊，扣步平衡與左斧右

繞、右斧前劈要同時完
成。

35.文王推鏟

身體稍上起，右腳向
體前落步，腳尖內扣，上
體隨之左轉，左腿膝提
起，左腳面貼扣於右膝後
側，右腿隨即屈膝。同
時，左手握斧，隨體轉由
右經前向左平掃；右手握
斧，向前直臂推鏟，雙臂
伸直，右斧朝前。目視右
斧。（圖7-66）

圖7-66

【用途及要點】左斧
掃前、左方之敵，右斧平
鏟前方之敵。敵持械攻我
中、上盤，我用左斧鈎掛

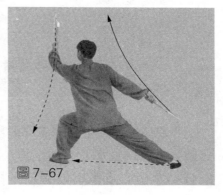

圖7-67

敵械，右斧平鏟敵胸、頸部位。扣步與左掃斧、右斧平鏟
要同時完成。

36.玉童挑燈（左）

（1）左腳向左跨落，左膝稍屈。同時，左手握斧，由
左向前、向上、向右舉至頭左上方，斧刃朝前；右斧由前
向下，經身體右側向後畫弧。目視左斧。（圖7-67）

（2）右腳向左腳併步，腳掌著地，兩腿屈膝下蹲。同

圖 7–68

圖 7–69

時，左手握斧，由上向前、向下，經身體左側向後直臂畫弧；右手握斧，由後向下，經身體右側向前、向上繞舉，使右斧直立於頭右上方，斧刃朝前。目視左斧。（圖 7–68）

【用途及要點】敵從前後攻我，我用雙斧交替撩擊前後之敵。左腳落地與左斧前上撩、右斧後下撩要同時完成。右腳向左併步下蹲與右斧前上挑、左斧後下撩要同時完成。

37. 玉童挑燈（右）

（1）右腳右擺，左腳蹬地跳起。兩手握斧姿勢不變。目視右下方。（圖 7–69）

（2）右腳落地，左腳向右腳內側落步，腳掌著地，兩腿屈膝下蹲。右手握斧，由上向前斜向右下劈斧；左斧由後向下，經身體左側向前、向上弧形舉至頭左上方，斧刃朝前。目視右斧。（圖 7–70）

圖 7-70

圖 7-71

【用途及要點】敵持械劈打我上盤，我用左斧上架敵械，右斧斜劈敵下盤。右腳隨身體上起右擺、左腳蹬地向右跨躍時上體要穩，保持重心，兩腳落地要輕靈。

38. 勇士按虎

（1）身體右轉，右腳向前上一步，右腿屈膝半蹲，左

圖 7-72

腿伸直，成右弓步。同時，右手斧向右、向後弧形繞至身後；左斧由上向前、向下，經身體左側向後斜畫，兩臂伸直。目視前方。（圖 7-71）

（2）身體繼續右轉，左腿隨體轉屈膝提起，腳尖朝下。同時，雙手握斧，由後繼續向上弧形繞行至頭頂上方，兩肘微屈，雙斧刃朝前。目視前方。（圖 7-72）

圖 7-73　　　　　　　　　　圖 7-74

（3）左腳向左落地，兩腿屈膝半蹲，成馬步。同時，兩手握斧，由上向前下劈按，兩肘外撐稍屈。目視雙斧。（圖7-73）

【用途及要點】雙斧同時撩擊身後之敵，上架敵之來械，劈按前敵之上盤。轉體、左腿上提與雙斧上舉要同時進行。左腳落地成馬步與雙斧前下劈按要協調一致。

39.小鬼推磨

身體左轉，右腳向前上步，腳尖著地，左腿屈膝，成右虛步。在右腳向前上步的同時，兩手握斧，向右後平削，右臂伸直，左臂屈肘於胸前。目視右斧。（圖7-74）

【用途及要點】雙斧同時劈削右後之敵。右腳上步、左腿屈膝與雙斧右後反削要同時完成。

40.擒龍伏虎

（1）左腳前擺，右腳蹬地跳起，懸空中身體左轉。同

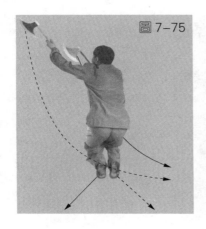

時，兩手握斧，使雙斧由右向上、向前、向左畫弧。目視
左斧。（圖7-75）

（2）雙腳落地，左腿屈膝全蹲，右腿鋪平伸直，成右
仆步。雙手握斧，由左經前向右下斜掃，右臂伸直，右臂
屈肘於胸前。目視右斧。（圖7-76）

【用途及要點】雙斧同時劈砍左敵上盤，斜掃右敵之下
盤。跳起要高、要遠，落地成仆步要輕穩。身體跳起左轉與
雙斧左上畫弧要同時完成。右仆步與雙斧右下斜掃要協調。

41.莽僧敲鐘

身體上起右轉，右腿屈
膝成右弓步。同時，右手握
斧，屈肘收於右腰側，斧刃
向下；左手握斧，使左斧頂
向前、向上撩擊。目視左
斧。（圖7-77）

【用途及要點】敵持
械從前方攻我，我用右斧
向右鈎掛敵械，左斧撩擊
敵身。重心移於左腿，右
腿立起，然後左腳蹬地成
右弓步。左斧撩擊時要直
臂，晃膀，用力向前上撩
擊。

圖 7–78

第 六 段

42.烏龍藏首

（1）兩腳碾地，使
身體左後轉，左腿屈膝，
右腿伸直，成左弓步。左
手握斧，隨體轉經上向前
弧形劈斧；右手握斧，隨
之直臂舉於身後。目視左
斧。（圖7–78）

圖 7–79

（2）右腳向前上
步，腳尖內扣，身體隨之左轉，雙腿屈膝，成高馬步。同
時，左手握斧，屈肘收於右腰側，使左斧由前向右畫弧；
右手握斧，隨體轉由右後經上向左下斜掃，兩臂於胸前環
臂交叉，右臂在上，使雙斧擺至體側，雙斧刃均朝前。目
視右斧。（圖7–79）

【用途及要點】雙斧同時截錯前方之敵，劈掃左、右

之敵。轉體成左弓步與左斧前劈、右斧後舉同時進行。轉體成馬步與雙斧擺至體側要同時完成。

圖7-80

43.羅漢撣塵

（1）左腳向右後插步，兩腿屈膝。兩手握斧，兩臂交叉上舉至頭頂上方，使雙斧由體側分別向上弧形繞舉。目視雙手。（圖7-80）

（2）兩腿交叉屈膝下蹲，成歇步。兩手握斧，使雙斧由上分別向體側弧形劈落。目視左斧。（圖7-81）

圖7-81

【用途及要點】雙斧上舉為挑架敵之上來之械，雙斧同時劈砍左、右之敵。雙斧上繞要圓、下劈要用力，力要能發能收。歇步與雙斧側劈要同時完成。

44.三星落地

（1）身體上起左轉，右腳離地後擺，左腿稍屈。右手

圖7-82　　　　　　　　　　　　圖7-83

圖7-84

握斧，由右向上直臂舉起，斧刃朝前；左手握斧，隨體轉向左平掃。目視前方。（圖7-82）

（2）右腳向體前落地，屈膝，左腿伸直，成右弓步。同時，右斧由上向前直臂劈斧；左手握斧，繼續向左後下方斜掃。目視右斧。（圖7-83）

（3）右腿屈膝支撐，左腳離地稍前擺。同時，右手握斧，由前向下、向右斜掃；左手握斧，由後向上立圓繞行。目視前方。（圖7-84）

（4）左腳於身後落地伸直，右腿屈膝成右弓步。同時，右手握斧，由右繼續向後反掃，左斧由上向前直臂劈斧。目視左斧。（圖7-85）

圖 7-85

圖 7-86

（5）重心後移，左腿支撐，右腿屈膝右腳離地後擺。在右腳後擺的同時，右手握斧，由後向上弧形繞舉；左斧由前向下、向左畫弧。目視前方。（圖7-86）

（6）右腳於體後落地伸直，左腿屈膝成

圖 7-87

左弓步。同時，右斧由上向前直臂劈斧；左斧由左向後反撩。目視右斧。（圖7-87）

【用途及要點】雙斧交替劈砍前方之敵，撩擊身後之敵，撥掛左、右敵之來械。雙腳連環退步要連續不停，雙斧立圓繞行要貼近身體，要圓、要快，上、下肢動作要連貫協調，一氣呵成。

圖 7-88

圖 7-89

45.頭頂七星

（1）重心後移，左腳右擺，身體隨之向右擰轉。右手握斧，隨體轉掃至右方；左手握斧，由後向下，經身體左側向右弧形擺動。目視右斧。（圖 7-88）

（2）右腳蹬地跳起，懸空中身體右轉 270°。雙手握斧，隨體轉，使雙斧由右向上，經頭上繞至左肩前。目視雙斧。（圖 7-89）

（3）左腳先落地，右腳向體後落步，上體隨之右轉，兩腿屈膝半蹲，成馬步。同時，兩手握斧，使雙斧由左經前向右平掃。右臂伸直，左臂屈肘於胸前。目視右斧。（圖 7-90）

圖 7-90

圖 7-91　　　　　　　　　　圖 7-92

【用途及要點】雙斧頭頂平雲為遮攔鈎架敵上方來
械，雙斧同時掃擊前、右方之敵。頭上雲斧要平、要圓、
要快，雙斧右掃要快速有力，雲斧、跳轉要同時進行。雙
腳落地與雙斧右掃要協調一致。

46.浴馬平川

（1）右腳經左腳後向左偷步，上體隨之向右後擰轉，
左腿屈膝。同時，雙手握斧，隨體轉掃至身體左前方。目
視右斧。（圖 7-91）

（2）左腿屈膝全蹲，右腿鋪平伸直，成右仆步。同
時，兩手握斧，由左前向右下斜掃，右臂伸直，左臂屈
肘。目視右斧。（圖 7-92）

【用途及要點】敵持械平掃我中、上盤，我速轉體低
身躲過，同時雙斧掃砍敵下盤。轉體要快，雙斧斜掃要快
速有力。右仆步與雙斧斜掃要同時完成。

47. 獅子回頭

（1）身體上起，右腳經左腳後向左偷步，上體隨之右後轉，右腿屈膝成右弓步。右手握斧，隨體轉使右斧刃經前向右前上方斜鑔；左手握斧，直臂舉於左後上方。目視右斧。（圖7-93）

圖7-93

（2）右手握斧，屈肘回收於右腰側；左斧由左後上方向前直臂劈斧。目視左斧。（圖7-94）

【用途及要點】雙斧依次劈鑔身後之敵。敵持械從身後攻我，我用右斧向外鈎掛敵械，左斧劈敵上盤。偷步要快，轉體要疾，右斧斜鑔時要借助轉體之力，左斧前劈時上體稍右轉。

圖7-94

48. 蒼龍探首

上體稍左轉，左腳向前上步，腳掌著地，成左虛步。同時，左手握斧，屈肘回收於胸前，斧刃朝前；右手握

斧，向右前上方直臂撐舉。目
視右斧。（圖 7-95）

【用途及要點】敵持械從
右前方攻我中、上盤，我用左
斧向右格壓敵械，右斧撐擊敵
上盤。左腳上步時腳掌著地，
腳面繃平，左腿伸直，右腿稍
屈。轉體、上步、左斧回收、
右斧撐舉要同時完成。

圖 7-95

49.鴛鴦落架

（1）左腳活步前移，左腿稍屈。同時，左斧向左、向
下，經身體左側向後弧形繞行；右斧由前上向下，經身體
右側向後畫弧。目斜視左下方。（圖 7-96）

（2）右腳向左腳併步。兩手握斧，由後向上、向前立
圓繞行，兩肘微屈，雙斧刃均向下。目視左方。（圖 7-97）

圖 7-96

圖 7-97

【用途及要點】雙斧同時撩擊身後之敵，劈砍前方之敵。左腳前移與雙斧後撩同時進行。右腳上步與雙斧前繞要協調一致。

收　勢

兩臂自然下垂。兩手握斧，貼於兩腿外側，手心向裡，虎口朝前，使雙斧平擺於體側，兩斧刃均向下。目視前方。（圖 7-98）

圖 7-98

大展出版社有限公司
品冠文化出版社

圖書目錄

地址：台北市北投區(石牌)　　　電話：(02) 28236031
　　　致遠一路二段 12 巷 1 號　　　　　　　28236033
郵撥：01669551＜大展＞　　　　　　　　　28233123
　　　19346241＜品冠＞　　　傳真：(02) 28272069

・熱 門 新 知・品冠編號 67

1.	圖解基因與 DNA	（精）	中原英臣主編	230 元
2.	圖解人體的神奇	（精）	米山公啟主編	230 元
3.	圖解腦與心的構造	（精）	永田和哉主編	230 元
4.	圖解科學的神奇	（精）	鳥海光弘主編	230 元
5.	圖解數學的神奇	（精）	柳 谷 晃著	250 元
6.	圖解基因操作	（精）	海老原充主編	230 元
7.	圖解後基因組	（精）	才園哲人著	230 元
8.	圖解再生醫療的構造與未來		才園哲人著	230 元
9.	圖解保護身體的免疫構造		才園哲人著	230 元

・圍 棋 輕 鬆 學・品冠編號 68

1.	圍棋六日通	李曉佳編著	160 元

・生 活 廣 場・品冠編號 61

1.	366 天誕生星	李芳黛譯	280 元
2.	366 天誕生花與誕生石	李芳黛譯	280 元
3.	科學命相	淺野八郎著	220 元
4.	已知的他界科學	陳蒼杰譯	220 元
5.	開拓未來的他界科學	陳蒼杰譯	220 元
6.	世紀末變態心理犯罪檔案	沈永嘉譯	240 元
7.	366 天開運年鑑	林廷宇編著	230 元
8.	色彩學與你	野村順一著	230 元
9.	科學手相	淺野八郎著	230 元
10.	你也能成為戀愛高手	柯富陽編著	220 元
11.	血型與十二星座	許淑瑛編著	230 元
12.	動物測驗—人性現形	淺野八郎著	200 元
13.	愛情、幸福完全自測	淺野八郎著	200 元
14.	輕鬆攻佔女性	趙奕世編著	230 元
15.	解讀命運密碼	郭宗德著	200 元
16.	由客家了解亞洲	高木桂藏著	220 元

・女醫師系列・ 品冠編號 62

1. 子宮內膜症　　　　　　　　國府田清子著　　200 元
2. 子宮肌瘤　　　　　　　　　黑島淳子著　　　200 元
3. 上班女性的壓力症候群　　　池下育子著　　　200 元
4. 漏尿、尿失禁　　　　　　　中田真木著　　　200 元
5. 高齡生產　　　　　　　　　大鷹美子著　　　200 元
6. 子宮癌　　　　　　　　　　上坊敏子著　　　200 元
7. 避孕　　　　　　　　　　　早乙女智子著　　200 元
8. 不孕症　　　　　　　　　　中村春根著　　　200 元
9. 生理痛與生理不順　　　　　堀口雅子著　　　200 元
10. 更年期　　　　　　　　　　野末悅子著　　　200 元

・傳統民俗療法・ 品冠編號 63

1. 神奇刀療法　　　　　　　　潘文雄著　　　　200 元
2. 神奇拍打療法　　　　　　　安在峰著　　　　200 元
3. 神奇拔罐療法　　　　　　　安在峰著　　　　200 元
4. 神奇艾灸療法　　　　　　　安在峰著　　　　200 元
5. 神奇貼敷療法　　　　　　　安在峰著　　　　200 元
6. 神奇薰洗療法　　　　　　　安在峰著　　　　200 元
7. 神奇耳穴療法　　　　　　　安在峰著　　　　200 元
8. 神奇指針療法　　　　　　　安在峰著　　　　200 元
9. 神奇藥酒療法　　　　　　　安在峰著　　　　200 元
10. 神奇藥茶療法　　　　　　　安在峰著　　　　200 元
11. 神奇推拿療法　　　　　　　張貴荷著　　　　200 元
12. 神奇止痛療法　　　　　　　漆　浩著　　　　200 元
13. 神奇天然藥食物療法　　　　李琳編著　　　　200 元
14. 神奇新穴療法　　　　　　　吳德華編著　　　200 元

・常見病藥膳調養叢書・ 品冠編號 631

1. 脂肪肝四季飲食　　　　　　蕭守貴著　　　　200 元
2. 高血壓四季飲食　　　　　　秦玖剛著　　　　200 元
3. 慢性腎炎四季飲食　　　　　魏從強著　　　　200 元
4. 高脂血症四季飲食　　　　　薛輝著　　　　　200 元
5. 慢性胃炎四季飲食　　　　　馬秉祥著　　　　200 元
6. 糖尿病四季飲食　　　　　　王耀獻著　　　　200 元
7. 癌症四季飲食　　　　　　　李忠著　　　　　200 元
8. 痛風四季飲食　　　　　　　魯焰主編　　　　200 元
9. 肝炎四季飲食　　　　　　　王虹等著　　　　200 元
10. 肥胖症四季飲食　　　　　　李偉等著　　　　200 元
11. 膽囊炎、膽石症四季飲食　　謝春娥著　　　　200 元

· 彩色圖解保健 · 品冠編號 64

1.	瘦身	主婦之友社	300 元
2.	腰痛	主婦之友社	300 元
3.	肩膀痠痛	主婦之友社	300 元
4.	腰、膝、腳的疼痛	主婦之友社	300 元
5.	壓力、精神疲勞	主婦之友社	300 元
6.	眼睛疲勞、視力減退	主婦之友社	300 元

· 休閒保健叢書 · 品冠編號 641

1.	瘦身保健按摩術	聞慶漢主編	200 元

· 心 想 事 成 · 品冠編號 65

1.	魔法愛情點心	結城莫拉著	120 元
2.	可愛手工飾品	結城莫拉著	120 元
3.	可愛打扮 & 髮型	結城莫拉著	120 元
4.	撲克牌算命	結城莫拉著	120 元

· 少 年 偵 探 · 品冠編號 66

1.	怪盜二十面相	（精）	江戶川亂步著	特價 189 元
2.	少年偵探團	（精）	江戶川亂步著	特價 189 元
3.	妖怪博士	（精）	江戶川亂步著	特價 189 元
4.	大金塊	（精）	江戶川亂步著	特價 230 元
5.	青銅魔人	（精）	江戶川亂步著	特價 230 元
6.	地底魔術王	（精）	江戶川亂步著	特價 230 元
7.	透明怪人	（精）	江戶川亂步著	特價 230 元
8.	怪人四十面相	（精）	江戶川亂步著	特價 230 元
9.	宇宙怪人	（精）	江戶川亂步著	特價 230 元
10.	恐怖的鐵塔王國	（精）	江戶川亂步著	特價 230 元
11.	灰色巨人	（精）	江戶川亂步著	特價 230 元
12.	海底魔術師	（精）	江戶川亂步著	特價 230 元
13.	黃金豹	（精）	江戶川亂步著	特價 230 元
14.	魔法博士	（精）	江戶川亂步著	特價 230 元
15.	馬戲怪人	（精）	江戶川亂步著	特價 230 元
16.	魔人銅鑼	（精）	江戶川亂步著	特價 230 元
17.	魔法人偶	（精）	江戶川亂步著	特價 230 元
18.	奇面城的秘密	（精）	江戶川亂步著	特價 230 元
19.	夜光人	（精）	江戶川亂步著	特價 230 元
20.	塔上的魔術師	（精）	江戶川亂步著	特價 230 元
21.	鐵人Q	（精）	江戶川亂步著	特價 230 元
22.	假面恐怖王	（精）	江戶川亂步著	特價 230 元

·武　術　特　輯· 大展編號 10

· 彩色圖解太極武術 · 大展編號 102

1.	太極功夫扇	李德印編著	220 元
2.	武當太極劍	李德印編著	220 元
3.	楊式太極劍	李德印編著	220 元
4.	楊式太極刀	王志遠著	220 元
5.	二十四式太極拳 (楊式) ＋VCD	李德印編著	350 元
6.	三十二式太極劍 (楊式) ＋VCD	李德印編著	350 元
7.	四十二式太極劍＋VCD	李德印編著	350 元
8.	四十二式太極拳＋VCD	李德印編著	350 元
9.	16 式太極拳 18 式太極劍＋VCD	崔仲三著	350 元
10.	楊氏 28 式太極拳＋VCD	趙幼斌著	350 元
11.	楊式太極拳 40 式＋VCD	宗維潔編著	350 元
12.	陳式太極拳 56 式＋VCD	黃康輝等著	350 元
13.	吳式太極拳 45 式＋VCD	宗維潔編著	350 元
14.	精簡陳式太極拳 8 式、16 式	黃康輝編著	220 元
15.	精簡吳式太極拳 <36 式拳架・推手>	柳恩久主編	220 元
16.	夕陽美功夫扇	李德印著	220 元
17.	綜合 48 式太極拳＋VCD	竺玉明編著	350 元
18.	32 式太極拳 (四段)	宗維潔演示	220 元
19.	楊氏 37 式太極拳＋VCD	趙幼斌著	350 元
20.	楊氏 51 式太極劍＋VCD	趙幼斌著	350 元

· 國際武術競賽套路 · 大展編號 103

1.	長拳	李巧玲執筆	220 元
2.	劍術	程慧琨執筆	220 元
3.	刀術	劉同為執筆	220 元
4.	槍術	張躍寧執筆	220 元
5.	棍術	殷玉柱執筆	220 元

· 簡化太極拳 · 大展編號 104

1.	陳式太極拳十三式	陳正雷編著	200 元
2.	楊式太極拳十三式	楊振鐸編著	200 元
3.	吳式太極拳十三式	李秉慈編著	200 元
4.	武式太極拳十三式	喬松茂編著	200 元
5.	孫式太極拳十三式	孫劍雲編著	200 元
6.	趙堡太極拳十三式	王海洲編著	200 元

· 導引養生功 · 大展編號 105

1.	疏筋壯骨功＋VCD	張廣德著	350 元

2.	導引保建功＋VCD	張廣德著	350元
3.	頤身九段錦＋VCD	張廣德著	350元
4.	九九還童功＋VCD	張廣德著	350元
5.	舒心平血功＋VCD	張廣德著	350元
6.	益氣養肺功＋VCD	張廣德著	350元
7.	養生太極扇＋VCD	張廣德著	350元
8.	養生太極棒＋VCD	張廣德著	350元
9.	導引養生形體詩韻＋VCD	張廣德著	350元
10.	四十九式經絡動功＋VCD	張廣德著	350元

・中國當代太極拳名家名著・大展編號106

1.	李德印太極拳規範教程	李德印著	550元
2.	王培生吳式太極拳詮真	王培生著	500元
3.	喬松茂武式太極拳詮真	喬松茂著	450元
4.	孫劍雲孫式太極拳詮真	孫劍雲著	350元
5.	王海洲趙堡太極拳詮真	王海洲著	500元
6.	鄭琛太極拳道詮真	鄭琛著	450元
7.	沈壽太極拳文集	沈壽著	630元

・古代健身功法・大展編號107

1.	練功十八法	蕭凌編著	200元
2.	十段錦運動	劉時榮編著	180元
3.	二十八式長壽健身操	劉時榮著	180元
4.	三十二式太極雙扇	劉時榮著	160元

・太極跤・大展編號108

1.	太極防身術	郭慎著	300元
2.	擒拿術	郭慎著	280元

・名師出高徒・大展編號111

1.	武術基本功與基本動作	劉玉萍編著	200元
2.	長拳入門與精進	吳彬等著	220元
3.	劍術刀術入門與精進	楊柏龍等著	220元
4.	棍術、槍術入門與精進	邱丕相編著	220元
5.	南拳入門與精進	朱瑞琪編著	220元
6.	散手入門與精進	張山等著	220元
7.	太極拳入門與精進	李德印編著	280元
8.	太極推手入門與精進	田金龍編著	220元

·實用武術技擊· 大展編號 112

1. 實用自衛拳法 　　　　　　　　溫佐惠著　250 元
2. 搏擊術精選 　　　　　　　　陳清山等著　220 元
3. 秘傳防身絕技 　　　　　　　　程崑彬著　230 元
4. 振藩截拳道入門 　　　　　　　陳琦平著　220 元
5. 實用擒拿法 　　　　　　　　韓建中著　220 元
6. 擒拿反擒拿 88 法 　　　　　　韓建中著　250 元
7. 武當秘門技擊術入門篇 　　　　　高翔著　250 元
8. 武當秘門技擊術絕技篇 　　　　　高翔著　250 元
9. 太極拳實用技擊法 　　　　　　武世俊著　220 元
10. 奪凶器基本技法 　　　　　　韓建中著　220 元
11. 峨眉拳實用技擊法 　　　　　　吳信良著　300 元

·中國武術規定套路· 大展編號 113

1. 螳螂拳 　　　　　　　中國武術系列　300 元
2. 劈掛拳 　　　　　　規定套路編寫組　300 元
3. 八極拳 　　　　　　　國家體育總局　250 元
4. 木蘭拳 　　　　　　　國家體育總局　230 元

·中華傳統武術· 大展編號 114

1. 中華古今兵械圖考 　　　　　　裴錫榮主編　280 元
2. 武當劍 　　　　　　　　陳湘陵編著　200 元
3. 梁派八卦掌（老八掌） 　　　　李子鳴遺著　220 元
4. 少林 72 藝與武當 36 功 　　　　裴錫榮主編　230 元
5. 三十六把擒拿 　　　　　　佐藤金兵衛主編　200 元
6. 武當太極拳與盤手 20 法 　　　　裴錫榮主編　220 元
7. 錦八手拳學 　　　　　　　　楊永著　280 元
8. 自然門功夫精義 　　　　　　陳懷信編著　500 元

· 少 林 功 夫· 大展編號 115

1. 少林打擂秘訣 　　　　　　德虔、素法編著　300 元
2. 少林三大名拳 炮拳、大洪拳、六合拳 　門惠豐等著　200 元
3. 少林三絕 氣功、點穴、擒拿 　　　德虔編著　300 元
4. 少林怪兵器秘傳 　　　　　　　素法等著　250 元
5. 少林護身暗器秘傳 　　　　　　素法等著　220 元
6. 少林金剛硬氣功 　　　　　　　楊維編著　250 元
7. 少林棍法大全 　　　　　　德虔、素法編著　250 元
8. 少林看家拳 　　　　　　　德虔、素法編著　250 元
9. 少林正宗七十二藝 　　　　　德虔、素法編著　280 元

10. 少林瘋魔棍闡宗　　　　　　馬德著　　250元
11. 少林正宗太祖拳法　　　　　　高翔著　　280元
12. 少林拳技擊入門　　　　　劉世君編著　　220元
13. 少林十路鎮山拳　　　　　吳景川主編　　300元
14. 少林氣功祕集　　　　　　釋德虔編著　　220元
15. 少林十大武藝　　　　　　吳景川主編　　450元
16. 少林飛龍拳　　　　　　　　劉世君著　　200元

・迷蹤拳系列・ 大展編號116

1. 迷蹤拳（一）+VCD　　　　李玉川編著　　350元
2. 迷蹤拳（二）+VCD　　　　李玉川編著　　350元
3. 迷蹤拳（三）　　　　　　李玉川編著　　250元
4. 迷蹤拳（四）+VCD　　　　李玉川編著　　580元
5. 迷蹤拳（五）　　　　　　李玉川編著　　250元
6. 迷蹤拳（六）　　　　　　李玉川編著　　300元
7. 迷蹤拳（七）　　　　　　李玉川編著　　300元
8. 迷蹤拳（八）　　　　　　李玉川編著　　300元

・截拳道入門・ 大展編號117

1. 截拳道手擊技法　　　　　舒建臣編著　　230元
2. 截拳道腳踢技法　　　　　舒建臣編著　　230元
3. 截拳道擒跌技法　　　　　舒建臣編著　　230元

・原地太極拳系列・ 大展編號11

1. 原地綜合太極拳24式　　　胡啟賢創編　　220元
2. 原地活步太極拳42式　　　胡啟賢創編　　200元
3. 原地簡化太極拳24式　　　胡啟賢創編　　200元
4. 原地太極拳12式　　　　　胡啟賢創編　　200元
5. 原地青少年太極拳22式　　胡啟賢創編　　220元

・道 學 文 化・ 大展編號12

1. 道在養生：道教長壽術　　　郝勤等著　　250元
2. 龍虎丹道：道教內丹術　　　　郝勤著　　300元
3. 天上人間：道教神仙譜系　　黃德海著　　250元
4. 步罡踏斗：道教祭禮儀典　　張澤洪著　　250元
5. 道醫窺秘：道教醫學康復術　王慶餘等著　250元
6. 勸善成仙：道教生命倫理　　　李剛著　　250元
7. 洞天福地：道教宮觀勝境　　沙銘壽著　　250元
8. 青詞碧簫：道教文學藝術　　楊光文等著　250元
9. 沈博絕麗：道教格言精粹　　朱耕發等著　250元

國家圖書館出版品預行編目資料

迷蹤拳（七）／李玉川　劉俊琦　編著
——初版，——臺北市，大展，2006年〔民95〕
面；21公分，——（迷蹤拳系列；7）
ISBN 957-468-465-2（平裝）

1.拳術—中國

528.97　　　　　　　　　　　　　　93000810

迷 蹤 拳（七）

ISBN 957-468-465-2

編 著 者／李 玉 川　　劉 俊 琦
責任編輯／新　　硯
發 行 人／蔡 森 明
出 版 者／大展出版社有限公司
社　　址／台北市北投區（石牌）致遠一路2段12巷1號
電　　話／（02）28236031・28236033・28233123
傳　　眞／（02）28272069
郵政劃撥／01669551
網　　址／www.dah-jaan.com.tw
E-mail／service@dah-jaan.com.tw
登 記 證／局版臺業字第2171號
承 印 者／高星印刷品行
裝　　訂／建鑫印刷裝訂有限公司
排 版 者／弘益電腦排版有限公司
授 權 者／北京人民體育出版社
初版1刷／2006年（民95年）6月

定價／300元

大展好書　好書大展
品嘗好書　冠群可期